LOS JARDINES DE ARANJUEZ

LITERATURA / CONTEMPORÁNEOS
ESPASA CALPE

EDUARDO ALONSO

LOS JARDINES DE ARANJUEZ

Prólogo
Germán Gullón

COLECCIÓN AUSTRAL
ESPASA CALPE

COLECCIÓN AUSTRAL
LITERATURA/CONTEMPORÁNEOS

Asesor: Víctor García de la Concha

Director Editorial: Javier de Juan
Editora: Celia Torroja

—

Maqueta de cubierta: Toño Rodríguez/INDIGO, S. C.
Ilustración portada: Jorge Jiménez Santos

—

Impresión y encuadernación: UNIGRAF, S. L.

—

Depósito legal: M. 15.534—1993

ISBN 84—239—7320—4

Impreso en España
Printed in Spain

ÍNDICE

PRÓLOGO

EL TRANQUILO APASIONAMIENTO DE EDUARDO ALONSO

EL ESCRITOR Y SU OBRA

Eduardo Alonso (1944) pertenece a la generación de novelistas crecidos durante la dictadura de Franco, cuyo futuro profesional estaba forjado cuando murió el dictador (1975). Ellos atravesaron la adolescencia, la juventud y la primera etapa de hombría responsable empeñados en descifrar el sentido de la existencia personal y social en un ambiente destemplado, experimentando con las opciones propuestas por la vida. Guías fiables tenían pocas, salvo la intuición, porque las ofrecidas por la sociedad y las familias carecían de fuerza persuasiva. Parte de la riqueza de la novela española actual proviene, a mi juicio, de la diversidad de respuestas, experiencias, con que los escritores de la generación del 68 respondieron al dilema planteado por su orfandad socio-cultural.

Equilibrar la tendencia primordial del ibérico, el buscar refugio y apoyo en la cultura oral, la incesante charla con que los españoles históricamente se acorazan contra los cuerpos extraños, sea en los círculos familiares o de amigos, y el ansia de saber obtenido en los libros constituía el reto crucial de aquellos jóvenes, distinto al actual, el propuesto por la multifacética (multimedia) cultura de las democracias occidentales a las generaciones presentes. El mundo tenía menos ventanas, o resultaban distintas. El escape eran los amigos; mientras, los acontecimientos políticos del 68 conformaban un horizonte esperanzador, y los libros ofrecían las mejores vistas de realidades (soluciones) diferentes a la vivida.

Cabe iniciar el entendimiento de estos escritores por el porcentaje con que mezclan la pasión por lo oral, el contar historias ricas en episodios, y la escritura, la atención a lo escritural. Un Manuel Vázquez Montalbán (1939) se situará en esta divisoria en el polo de la oralidad, mientras a un José María Guelbenzu (1944) lo colocaremos al lado opuesto. Los escritores, por supuesto, cruzan la línea en una novela, y retornan a la anterior demarcación en la próxima, caso de Juan Goytisolo (1931), a quien el apasionamiento le lleva de una frontera a la siguiente, en su inquieto periplo personal.

En la obra de Alonso se contrapesan ambos impulsos, su interés en inventar fábulas y la preocupación por producir un texto verbal rico. Incluso el autor confiesa que tras pasar el invierno en Valencia, domicilio fijo y lugar de trabajo, regresa a su patria chica para recargar las pilas. Sus palabras exactas dicen someterse a «una diálisis sentimental».

Escritor de temperamento reposado, amigo de la reflexión, de la lectura. Redacta con pausa, a su aire, sin apreturas, ni editoriales ni críticas, sin excluir un genuino interés por lo curioso, por la infinita variedad de vistas y ángulos ofrecidos por lo humano. Se enfrenta a esa variedad de actitudes con el asombro mezclado por un distanciamiento que le permite captar artísticamente los matices conformadores de una figura de aparente asimetría. Es el suyo un apasionamiento tranquilo, de quien goza de la conversación, del apoyo que nuestra cultura provee como pocas, y de la escritura autoconsciente, personal, conseguida en lucha solitaria (soledad en compañía) con los pensamientos, con el texto.

Eduardo Alonso nació en Asturias, y reside en Valencia, donde ejerce de catedrático de literatura de instituto. Es autor de numerosas novelas y de libros de texto dedicados a presentar métodos de análisis literario. Hombre de natural reservado, poco dado al autobombo, resulta escasamente adepto a hacer propaganda de sus talentos. Esta actitud se manifiesta en una abierta adversión a hablar o escribir de su obra, lo que no ha impedido el reconocimiento de su novelística, del talento creador de primerísima fila, que posee una pluma extraordinaria, riquísima tanto en recursos léxicos como sintácticos.

Conviene resaltar su buena formación filológica, sus estudios de Filosofía y Letras en la Universidad de Oviedo, discípulo allí de José María Martínez Cachero. Uno de sus mejores amigos, el poeta y también profesor Arcadio López Casanova, ha colaborado con él en las tareas de crítica textual, en especial en el manual *Poesía y novela: Teoría, método de análisis y práctica textual* (1982), puesta al día de una edición anterior. Este libro y sus varios artículos de crítica literaria revelan una notable sensibilidad y una sólida formación teórica; de hecho, manifiestan un conocimiento de la teoría de la literatura poco común en España, donde el filologismo prima entre los docentes. Además, advierte del interés de Alonso en las cuestiones formales.

La narrativa de Eduardo Alonso ofrece dos aspectos principales, el rememorativo y el histórico, perteneciendo *La enredadera* (1980), *El mar inmóvil* (1981), al primero, y el *El insomnio de una noche de invierno* (1984), Premio Azorín de Novela 1982, LOS JARDINES DE ARANJUEZ (1986), al segundo. *Las quimeras del gato* (1990) es una novela corta, a la que Ángel Basanta calificó muy aptamente en una reseña de *ABC* de lírica. *Flor de Jacarandá* (1991) y *El retrato del Schifanoia* (1992) son novelas breves, semejantes a sus narraciones largas de la segunda manera.

Las novelas de ambientación asturiana recrean un espacio autónomo, y sentido entonces como definitivo; su Mortera (Asturias) fue, confía Alonso, el equivalente de la Comala rulfiana *(Pedro Páramo,* 1953), una Asturias que concibe sumida en el tiempo de la pena. En la obra un trasterrado contrasta sus ensueños de la Mortera entrevista desde la distancia con la real. Novela muy del momento, con bastante de imaginación y de experimentaciones formales. De un discurso tan personal Alonso pasará a *El mar inmóvil,* texto satírico en que Mortera recibe una mar de regalo, donada por el gobernador civil para conmemorar el éxito de una recién terminada campaña militar. Es una sátira amarga, en que los acontecimientos históricos de la posguerra, los posibles éxitos, vienen considerados desde el punto de vista de un farero, que los entiende en lo que son, espejismos, que parecen cambiar la realidad sin lograrlo, ya que allí sigue habitando el engaño, el descorazonamiento. En esta obra es como si al trasterrado de la anterior se le hubiese puesto ante un diorama de los acontecimientos de nuestra historia reciente, y observáramos sus reacciones.

El insomnio cuenta con una conjura de palacio contra el conde-duque de Olivares, valido del rey Felipe IV, y un episodio histórico de la vida del escritor Francisco de Quevedo (ocurrido en 1639): su encarcelamiento por orden del conde-duque de Olivares. El mismo autor ha desentrañado el significado del asunto al escribir que se trata del sempiterno encuentro entre el político y el intelectual, útil en ciertos momentos o exiliable en otros.

La novela, aun y cuando la narrativa histórica se puso de moda en España a comienzos de los ochenta, ofrecía unas posibilidades a la inclusión del pasado en un texto contemporáneo de absoluta novedad, y resolvía con facilidad algunas disyuntivas cruciales, orillando el caer en la anacronía, en que el espacio pareciera un decorado, y que los personajes se expresaran en una jerga pseudoclasicista. Aunque el lenguaje de la novela exhibe un deje epocal, nunca llega a ser una pesada reproducción estilística. Consigue el propósito de reconstruir lo lejano, sin que se note el paso por guardarropía.

Recuerda en varios aspectos a la pionera *Memorias de Adriano* (1951), de Marguerite Yourcenar, capta de manera parecida lo intuido en el interior de un personaje histórico, su sensibilidad, sus sentimientos, de amor, hacia la muerte... Tampoco olvidamos a la hora de sugerir las coordenadas de la novela histórica *El nombre de la rosa* (1980), de Umberto Eco. Yourcenar y Alonso adoptan una actitud diametralmente opuesta a la de quienes ven el ayer inscrito en el mundo, los descubridores del pasado en cuanto les rodea, que gustan de ir pelando las diferentes capas arqueológicas, el palimpsesto que obstruye la visión, como en *La ciudad de los prodigios* (1986), de Eduardo Mendoza. Alonso se asemeja en esta característica al Juan Benet de *Herrumbrosas lanzas* (1983-1986), prefiere también asomarse a un momento histórico, para descubrir actitudes, pasiones, que bien pudieran ser las adoptadas por los hombres hoy; sólo hay que mudar las circunstancias.

Las quimeras del gato relata la historia de una mujer en el tránsito de la juventud a la vida adulta. La joven intentará superar los condicionamientos de la rutina cotidiana asistida por un gato y de la literatura; en este sentido, el diseño se asemeja a *La enredadera*. Es una narración personal, autobiográfica, lograda, tanto desde el punto de vista composicional como desde el estilístico. Se afianza una escritura en que la evocación, el recuerdo, todo aquello a lo que la sensibilidad toca y particulariza, se convierte en la principal manera de conocer del novelista, que ya estaba adelantado en la novela que pasamos a comentar.

Flor de Jacarandá, situada a fines del siglo XVIII, cuenta la historia de Leonor, casada con el marqués de Lanuza, un ilustrado de setenta años. Al comienzo de la obra, don Luis regresa de un viaje de estudios en el extranjero, comisionado por la Corona, con Giuseppe Balducci, un joven tenor castrado. La vida de Leonor cambia de signo al enamorarse del tenor, aunque sobre sus cabezas se cierne una nube de tormenta, la posibilidad de que el destino los separe. Narración triste, y como es habitual en Alonso, de amores imposibles. Lo que identifica a Leonor con Balducci, y parafraseo al narrador, era una carencia compartida, la imposibilidad de lograr la libertad y el amor. Preciosa novela breve, que se deja leer con delicia.

La historia de un profesor que intenta solventar su obsesión con un personaje literario, que reconoce reproducido en un cuadro de museo, y en una joven universitaria italiana, compone la línea argumental primaria de *El retrato del Schifanoia*. Novelita apasionante, de ejecución impecable. Los problemas de identidad personal, y la necesidad de resolverlos en los encuentros y desencuentros, se plantea en varios planos, literario, artístico, personal, profesional, realizado con una impresionante agilidad, indicadora de la seguridad y madurez del novelar.

La originalidad narrativa del escritor: «Los jardines de Aranjuez»

La narrativa española actual habla a veces con un cierto deje foráneo, sus formas narrativas o el orden de la fábula recuerdan a formulaciones aparecidas con anterioridad en la novela anglosajona o francesa. Jorge Luis Borges, Gabriel García Márquez y otros escritores hispanoamericanos también han dejado su huella en una significante porción de ficciones, aquellas en que lo fantástico, lo misterioso, juega un papel relevante. Por fortuna, un creciente grupo de narradores jóvenes, entre quienes sobresale Eduardo Alonso, busca la inspiración en la tradición española, tanto en el aspecto temático, narrativo, como en el lingüístico. Les gusta incorporar en sus contextos el paisaje y el paisanaje español, el singularizado desde *La Celestina*, el *Lazarillo de Tormes*, a *El Buscón* y *El Quijote*.

Mencionaré unos pocos nombres, sin ánimo de agotar la nómina, de escritores afines a Alonso, y pertenecientes también a la generación de 1968: Juan Pedro Aparicio (1941), Luis Mateo Díez (1942), y Paloma Díaz Mas (1954) a la posterior. Ellos minan esa veta de la realidad en que aparecen representados seres de nuestro entorno nacional; donde las formas culturales componen el trasfondo de la acción, y no me refiero sólo a las artísticas, sino a los modos de convivencia, de comportamiento social e individual. Eduardo Alonso aparece en este panorama con la peculiaridad de ser quien retome el relevo de un tipo de novela moderna española, para actualizarla.

Durante los años de posguerra la novela de Pío Baroja gozó de enorme predicamento, y Camilo José Cela, nuestro premio Nobel, fue el continuador de una parte de esa tendencia. Disfrutaba contando por ejemplo el hecho curioso, singular, episódico, con cuyo eslabonamiento elaboraba don Pío sus textos. La vida de los personajes supone un continuo vivir circunstancias, momentos irrepetibles, es una manera de entender la creación novelesca, de representar la vida de los individuos. Cela seguirá a Baroja, aunque con una lengua más pulida y expresiva, y sus estructuras reflejarán las novedades formales del novecentismo, de novelas como *Belarmino y Apolonio,* de Ramón Pérez de Ayala, la fragmentación y demás. La otra gran veta, la proviniente de Azorín (y de Gabriel Miró), permanecería por años sin tener seguidores, y es precisamente Eduardo Alonso quien ahondará con agudeza extraordinaria en esa modalidad, en que el recuerdo, la pluralidad, la evocación, difumina lo singular del acto humano, de los personajes en la novela, complejizando la percepción del entorno representado.

La realidad creada en la ficción alonsiana viene vista, percibida, desde numerosos puntos de vista. Los ojos, los oídos, incluso el subconsciente de los lectores es convocado a la hora de la lectura con una intensidad desconocida en novelas de la sensibilidad barojiana. El lector de Alonso se pierde en un mundo profundo, en un texto repleto de evocaciones, mientras que el de un Cela, pongo por caso, tiene que apegarse al incidente, seguir los meandros de la fábula para ir descubriendo vistas, los encuentros inesperados. La gracia del uno reside en la sonrisa enigmática, la del otro en la risa abierta del chascarrillo burlón.

Alonso se coloca ante la realidad a representar/crear dispuesto a arrancarle las sombras ocultas en el envés. Se apoya en la realidad evidente y visible, la contempla detenidamente, para en un segundo movimiento traspasarla y captar esa especie de aura formada alrededor de los seres y de los objetos que los anima, agazapada tras lo perceptible con la mirada. Lo que circunda a los seres humanos, cuanto topamos en la superficie, el cuerpo, el vestir, las propiedades y el *status* que indican, sumados al comportamiento y actitudes, lo que suponemos para los demás, la máscara con que aparecemos en el mundo. A Alonso le interesa, además de describir la mascarada del mundo, maravillosamente espacializada en los siglos pasados, lo cognoscible mediante las propiedades cualitativas del individuo, la sensibilidad, su capacidad para amar, de ser feliz, de disfrutar de cuanto la personalidad permite percibir. Ahí reside el *forte* de Alonso, la habilidad para tejer una red textual, que apoyándose firmemente en la realidad permita penetrar en lo imperceptible a primera vista, eso que conforma la existencia de todo ser con un mínimo de sensibilidad. Le preocupa lo que denominaremos el segundo círculo de la realidad, el localizable encima, o por debajo, según se prefiera, de lo referencial. En suma, atiende a ambos aspectos de la ficción, el designado para provocar el interés lectorial, creando intrigas de enorme interés, y las nimba con una especial sensibilidad.

La novela cuenta la historia de amor del bufón real Sebastián de Céspedes por la reina doña María Ana, esposa de Felipe IV, paralela a la del enano Domingo Gálvez, actor, que desempeñando el papel de bufón durante el rodaje de una película se enamora de Sara Soto, actriz que hace el papel de la Reina. Se narran las vidas de ambos personajes, desde su niñez, el uno a finales del siglo XVI y comienzos del XVII, y del otro en nuestro siglo, empezando su vida profesional, de actor ambulante, de torero cómico, y demás oficios propios de la farándula ambulante, allá por los años de la posguerra, cuando ve coronada su fortuna con el papel en la televisión que le llevará a la fama, así como la suerte de Sebastianillo fue ser introducido en la corte por el duque de Villamediana.

Las historias, paralelas en muchos aspectos, se mezclan al corresponderse lo ocurrido en uno y en otro, el amor que sienten los respectivos protagonistas, el uno por la reina, el otro por su intérprete en la película. Amores frustrados, en especial porque su físico impide el verdadero florecer de la pasión. Asoma aquí la otra característica de la narrativa alonsiana, una fuerte ironía tácita, un cierto pesimismo al mirar la vida y sus condicionamientos, proviniente de la esencial frustración que impide el acoplamiento de las circunstancias vitales con lo que se espera de ellas.

A la hora de representar la realidad, el escritor ofrece una doble perspectiva, la subyacente, que mira la realidad con desconfianza, la ve irónicamente, porque considera que las ilusiones de los personajes se quiebran continuamente por cuanto les sucede. El alcanzar el favor o la fama, en la corte de Felipe IV o en la televisión española, nunca supera el condicionamiento físico, barrera infranqueable colocada ante el objeto del deseo. Por otro lado, quienes envidian a Sebastianillo y a Domingo desearían gozar de las prebendas del bufón real, poder entrar en la corte, codearse con los nobles y soberanos, conseguir la cercanía a las bellas actrices, los viajes, las estancias en los grandes hoteles. Alonso gusta de recubrir esa realidad con la riqueza sensible de que hablábamos antes, de aureolarla con las intuiciones de que justo por encima de lo palpable existe una capa emotiva. De lo que cabe concluir que la única esperanza para los hombres consiste en refugiarse en ese mundo, viajar por esa esfera en que reside lo emotivo, la sensibilidad.

La aportación de lo histórico a la novela

Coinciden en el texto dos épocas, el Madrid de Felipe IV y la España de posguerra, esbozadas con tal acierto (los edificios, el vestir y la conducta, hasta la manera de hablar los personajes), que algunos críticos solicitaron la palabra costumbrismo para calificarlos. El pasado cobra una vividez grande, que viene a visitar al presente y dar la medida de su humanidad, de que lo vivido no fue en vano. La pretendida historicidad de la obra se cumple con creces, al trasportarnos a un ayer efectivo. Diríase que el ayer y el hoy confluyen en una misma realidad, al juntarse en el ámbito del hombre enamorado y sin esperanzas, en el corazón de Sebastianillo y de Domingo. Gálvez no duplica al bufón, como la doña Inés de Azorín a doña Beatriz (en *Doña Inés,* 1925), a quienes unen incluso lazos de consanguinidad. El acercamiento ocurre porque uno desempeña el papel del otro en una obra teatral.

Se produce un curioso juego que concede mayor realismo a la novela, que se suma a la fidelidad costumbrista observada por los críticos; el que Domingo represente a Sebastianillo, un personaje inmortalizado por la historia y por los pinceles de don Diego de Velázquez, refuerza su verosimilitud textual, acercándolo al presente. Domingo resulta imaginable para el lector actual, porque sus referentes son familiares. Al apoyar una realidad en otra, la primera se ve reafirmada.

A la vez vivimos un proceso ficcionalizador. La historia de don Sebastián de Céspedes viene mediada por la interpretación del personaje que lo encarna en una obra teatral para la televisión. Se produce un juego de imágenes, la del bufón de la corte de Felipe IV, pintado por Velázquez, asimilada por la del actor en la pantalla, que constituye un retrato ficcionalizado. Éste permite al autor recuperar/recrear el inventado sentir del personaje, filtrado por la sensibilidad actual, la perspectiva del actor. Observamos al mismo tiempo una paradoja: el icono que preservará la memoria del ilustre enano, en el cuadro y en la pequeña pantalla, deja perenne, en escorzo, lo que los incapacita para la realización amorosa. Allí el autor encuentra la injusta frustración de sus criaturas.

Aunque parecen historias paralelas, ambas pasan por Gálvez y su recreación, lo que les confiere un carácter simbólico; Céspedes es absorbido por Gálvez, y éste por el personaje que desempeña. Resultan piezas de un mismo tejido, dos víctimas. En última instancia, la historia es un planto, una queja de los personajes de que recibieron todo, menos lo que más querían: las caricias y mimos de la mujer. Aunque su condicionamiento físico nunca se airea abiertamente, el lector sabe que está ahí, y que las riquezas, la fama, endulzan, pero que en ningún caso compensan la percepción de que son personas de reducida estatura. Lo histórico reafirma que todo pasa y todo cambia, mas en realidad los sentimientos humanos permanecen, a pesar de que cambien las formas externas, las modas, lo que cubre a las personas, las riquezas, las posesiones.

Gálvez se identifica profundamente con su papel, con el amor hacia la reina, porque se desdobla en el que siente por la actriz que desempeña el papel de reina. Se teje la fábula como una pieza musical tocada a dos manos, en que el contraste reside en la época más que en el sentimiento amoroso. Al fondo percibimos un dolor oculto, el de que la minusvalía del personaje le roba la posibilidad de ser querido, de ser pensado en términos sensuales, sexuales. Céspedes y Gálvez persisten en sus anhelos amorosos, frustrados al final.

Caracterizamos primero la tendencia peculiar de Alonso de incluir en sus textos tanto un círculo referencial, el realista, junto con un segundo círculo, el sensible. Si la sumamos al gusto por el empleo de la Historia, concluiremos que su novelística alcanza una cima sintética, en que las realidades textuales aparecen en su dimensión palpable y espiritual a la vez, armonizadas por la voz del autor, que logra un equilibrio, en que el pasado y el presente se encuentren y se expliquen entre sí.

La novelística de Eduardo Alonso dota al mundo de una cierta perspectiva en la que aún cabe la distancia, el contemplar la vida sin la proximidad proveída por la tecnología visual de la actualidad. Permite captar el aura que las rodea, descansando de ese permanente vivir enchufados mediante los medios de comunicación, que apresura/suspende la posibilidad de sopesar, de mirar largamente.

GERMÁN GULLÓN.

Marzo de 1993.
Davis, California.

LOS JARDINES DE ARANJUEZ

SU CATÓLICA MAJESTAD
DON FELIPE IV, REY

S. M. don Felipe IV. . . . . Vidal Solana
María Calderona. . . . . Mariella Cassola
Reina doña María Ana. . . . . Sara Soto
Sebastianillo de Céspedes. . . . . . . Domingo Gálvez

Cámara: Pere Ferrer
Ayte. dirección: Lola Miranda
Producción RTVE-RAI: Pedro Sáez

Interiores: Estudios Roma, Madrid
Exteriores: rodados en Sigüenza, El Pardo, Toledo,
Martinmuñoz, Valladolid y jardines de Aranjuez

Director: Franco Varessi

Pasó la infancia, caducaron los tigres y su pasión, pero todavía están en mis sueños.

J. L. BORGES.

Yo soy don Sebastián de Céspedes, visto valona almidonada, calzas carmesíes y jubón de terciopelo, hecho a medida por el mejor sastre de Madrid, el mismo que viste al príncipe Baltasar Carlos. Y ni una puntada le adeudo. Antes bien, le doy propina, a pesar de que me desagradan sus dengues afeminados. Mi sastre dice que sus modales se le han ablandado por nostalgia: hace años que abandonó su país y echa de menos el mar, la luz y las canciones napolitanas, aquellas alegres tarantelas. «Aquí en Madrid —añade—, todo es extremoso. Los castellanos sois muy secos, en exceso severos.» Se hace llamar Giuliano de Nápoles, pero quién es quién en este siglo, y qué es lo que es. ¿Y quién soy yo? Un hombre de placer, como nos llaman en la Corte, un bufón deslenguado. Muchos envidian mi casa, mi despensa y mis dineros. Les deslumbra este medallón de oro macizo, troquelado en Toledo, regalo de don Felipe, a quien sirvo desde hace casi treinta años. ¿No es para estar contento? ¿Se puede pedir más en tiempos tan desmejorados? Cuando hay hambrunas, pestes y guerras, qué sentido tienen las melancolías de un enano, sus quimeras y sueños. Pues qué, no querrás detener el tiempo. Ya eres cincuentón, Sebastianillo. ¿O acaso suspiras porque la Reina no te ama? Contémplate satisfecho: casa con jardincillo, perro y chimenea, buenas ropas, mostacho cuidado, manos finas, mejillas sonrosadas por efecto de los mejores vinos, noble cabeza, aunque, ay, con las trazas de la edad. ¿No es para estar dichoso?

Los reinos se van a pique, pero medran enanos, cómicos y farandules en los regazos reales. Esa tropilla de hombres de placer recorre con total libertad estancias y corredores de palacio, suben y bajan, dicen lo que todos callan y muchos apenas osan pensar. Comen, danzan, beben, cantan, cuidan con mimo el can, hacen volatinas donde gustan, y la Reina los estima, el Valido los socorre, Velázquez los retrata y los poetas les venden quintillas mordaces. Entre tanto, nobles y grandes de España recelan de su predicamento, desfallecen de envidias, se postran humildes, arrugados y dignos, con la mirada extraviada, pues ya nada entienden, porque los tiempos y las honras y las haciendas ya no son lo que fueron. Estos aristócratas bostezan, suspiran, tienen miedo. Los privados son poderosos, los cucañistas trepan en pos de títulos y favores, los espías se ocultan tras las cortinas, los delatores guardan turno. Pues, ¿y los hombrecillos de placer? Nada respetan. «¡Muéranse, Excelencias!», les dicen los enanos entre dientes, y a sus espaldas hacen higas, cuchufletas, muecas irreverentes. «¡Muéranse!», duques, condes, ricoshombres. ¿Acaso gobiernan bufones? En tropilla andan por palacio, algunos entran en cámaras retiradas, sonsacan confidencias, consuelan a reyes. Por los corredores van, enseñando el trasero a los Grandes de España, haciendo pedorretas al Primado, alterando el decoro con saltitos y volatinas, las piernas amorcilladas, el andar de péndulo, la lengua suelta. Tararean melodías de chacona. Son felices. ¡Luego dicen que los enanos somos de natural triste!

Fue como si de improviso, en la oscuridad de la sala, encendieran las luces decepcionantes, desaparecieran las imágenes fabulosas de la pantalla, quién era él, dónde estaba. Domingo se desconcierta. Igual que al concluir el rodaje de una escena: esa expectativa angustiosa, ¿valía la toma?, a la espera de la voz endiosada del director en las tinieblas, ¿sí?, uf, y apagaban las luces cegadoras, se quebraba el silencio remoto, el actor se despoja de la máscara ilusa y se pierde entre cables, grúas, cámaras, andamios, desposeído de aquella falsificación de ensueño. Cuando la pulsación vuelve a ser lineal y menesterosa, él es sólo Domingo Gálvez, como una estufilla en una habitación deshabitada, la soledad es un frío que recorre la caña de los huesos. Unos instantes antes Sebastianillo hacía carrera en la Corte, se burlaba de los poderosos. Domingo interpretaba una de las mejores escenas de su película. Fantasías turbadoras, ¿no serían una venganza contra el despecho? Se siente un poco raro, inquieto, ¿lo miraban? Repasa con recelo las caras de sus compañeros, todos juntos, alrededor de la mesa, qué inolvidables veladas los días de rodaje. No debía ponerse melancólico. Nadie, quizás, había advertido su desvarío. Vidal Solana galanteaba a la Cassola: está obsequioso, complaciente, servicial, aunque ya no es el galán de hace cinco años, por eso extrema sus ademanes, sin perder ese trasfondo de rudeza y sinceridad que encandila a las mujeres; pero la fama viene y se va por rachas, esa hinchazón de los párpados le preocupa: por las noches se venda la cara con toallitas húmedas; de mañana, ante el espejo, se lava con agua helada, después se da masajes con pomadas hidratantes. El cuerpo es la herramienta del actor, siempre dice eso, y esa herramienta se ve maltratada por el duro trabajo: horarios desbaratados, zipizapes de camerino, focos de plató que erosionan la piel, abrasan los ojos, envejecen. Claro que debiera también dejar el tabaco, beber menos, dormir mucho, descansar. Esta serie de televisión sobre Felipe IV puede devolverle la popularidad, reponerle el prestigio, congraciarle con las que fueron sus admiradoras, qué país este en el que hay que arrastrarse por los escenarios toda la vida para demostrar que eres un buen actor, ¿no lo creía así Merino?, ¿aquí sólo se admira a los muertos? ¿Cómo?: el periodista mordisquea una miga de pan, hace un gesto ambiguo, está más atento a las palabras de Franco Varessi, *da vero,* la obra de arte es siempre una obscenidad, *certo,* una subjetiva impudicia, decía, arremolinando los brazos como si blandiera una antorcha o una espada. Al lado de Merino está Sara. Calla, escucha, ¿asiente a todo?, sus ojos verdes escrutan con anegada templanza todos los movimientos. Domingo la mira de reojo, se azora, ¿se habrá dado cuenta Sara de sus turbadoras fantasías? Esos sueños que le hacen justicia... Aunque al quebrar el éxtasis y regresar a la realidad se siente desplazado, aturdido, incómodo. Ahora Lola descubre su rubor, ¿te pasa algo Domingo?, pero el brazo del camarero se interpone para retirar un plato, copas usadas, cucharillas de postre. El comedor se ha ido despoblando. Sólo quedan ellos y algunos compañeros del equipo técnico en otra mesa: electricistas, cámaras, sastra, maquillador, siete u ocho. De entre los quinqués de las paredes, ¿o es del techo?, se derrama, apenas perceptible, música suave. *Siboney, Granada, Mariquita linda.* Hoy es la última noche aquí en Sigüenza, ya no volverán a reunirse los mismos en torno a una mesa, esas despedidas le dejan muy triste. Siempre le pasa igual cuando se acaba el rodaje de una película. Pero hay más. Domingo Gálvez celebra hoy su cumpleaños, ¿cuántos?, es un secreto, no lo dirá nunca, se hace de rogar. Con sorpresa y alborozo de todos se presentó en el comedor con atuendo de trabajo, maquillado con esmero, noble y anticuada la cabezona: mosca, mostacho, peluca, sombrero con airón. Avanzó con arrogancia por entre las mesas, digno y ceremonioso, se acercó, se destocó, inclinó el cuerpo y abanicó el aire con saludo de gala.

—¡Sean bienvenidos mis invitados! —dijo—. Caballeros, nobles damas...

Le aplaudieron, le acercaron la silla, colocaron dos cojines, lo encaramaron encima, a la presidencia de la mesa y le cantaron cumpleaños feliz, feliz, feliz en tu día, Domingo, y que cumplas muchos mááás... Pero no quería confesar cuántos años, ¿era un secreto?, por qué se hacía de rogar, tan presumido.

Domingo se atusa las guías del bigote, acaricia el anillo rubí —un regalo inolvidable de doña Catalina de Morales, o de la reina doña María Ana, no recuerda bien, pero de una mujer—. ¿Tendría tarta? ¿Cuántas velas habría de apagar? ¿Cuarenta y cinco?, ¿cincuenta?, ¡ah!, no lo pensaba decir a nadie. Pero, ¿y si Sara se lo hubiera preguntado con ojos pícaros y mimosos, todo a una, con tonos extraviados de extranjera, con autoridad de reina y atrevimiento de niña, igual que doña María Ana? ¿Acaso Sebastianillo podía negarse a sus caprichos? Más aún, ¿no la complacía en todo y estaba pendiente de sus deseos, antes incluso de expresarlos? Pero Sara atiende ahora a las confidencias de Merino, un periodista cotilla, sabidillo, petulante y superficial, ag, Domingo lo aborrece. Sebastianillo conoció y odió a muchos personajes como Merino: gentes torvas y cucañistas de palacio, crueles con los enanos y criados, serviciales con nobles y autoridades. Domingo lo confiesa: a Merino le tiene manía. Pero debe alegrarse, le cantan de nuevo que es un muchacho excelente mientras se sirve el consomé. Vidal Solana insiste, con su voz de galán, recia, madura, ahora grave y neutra, de monarca que ordena su real voluntad.

—Te lo manda tu rey: confiesa tus años, Domingo.

Los tenía a todos en vilo, ¿cuántos?, ¿quería presumir de joven? Conturbado, como lleno de pudor, Domingo, al fin, lo va a decir, todos se callan, incluso la Cassola, que nunca se aclara:

—Cincuenta y uno. Cincuenta en las islas Canarias.

Jodido enano. Vidal le da un mojicón cariñoso, todos aplauden, bravo, bravísimo, Lola le tira un beso. Las gentes del cine forman una gran familia, aunque el día de rodaje ha sido muy fatigoso, muy cansado: la toma de la capilla se repitió seis veces, Varessi, aspaventoso, no sabía qué hacer, ¡no, no, no!, ¡corten!, luego se estropeó una cámara, ¡santa Madonna!, y con el frío que hacía. Ahora alzan la copa y algunos miran al techo: aquellas vigas oscuras son como las del aposento de don Sebastián de Céspedes: ahora que es cincuentón las contempla desde su camita con nostalgia, inmóvil, los ojos fijos, ¿perezoso? ¡Cómo le pasaba el tiempo! Sabe que nada ya en esa edad remansada en que pocas cosas cambian, pero, por dicha, se asiste de un increíble recuerdo, tan fiel en la memoria como su *Vittorio,* el lebrel perezoso, ovillado a sus plantas, de color caramelo. La cena transcurre luego con cordialidad y se anima poco a poco la efusión. Al otro extremo de la mesa, Mariella Cassola esparce hacia atrás la melena, alza la copa hacia la frente y pretende sostenerla en equilibrio, como una cariátide. Se ríe, se la acerca después a los labios, vuelve a colocarla en alto, pero Varessi se la retira y un hilillo de oro le corre por la barbilla, gotea sobre el pecho, *ma che fai, carina,* la reprende Franco, y luego se desentiende, ¿qué iba diciendo?, que el cine francés era demasiado intelectual, *da sempre, certo.* Pero Mariella no parece satisfecha sin la atención de los demás, hace mohines de disgusto, arrumacos de protesta, remilgos simples y dichosos. Está a punto de provocar otro de sus habituales berrinches, quizás ha bebido demasiado. Ella todavía mira el mundo con inconsciencia y provocación, aunque a su edad la Calderona, el personaje que interpreta en la película, ya conocía las artes sumisas del engaño.

Don Sebastián de Céspedes mira ya el mundo sin rencor y con descrédito, algo orgulloso, aunque permanezca arrumbado junto al escabel donde reposan los regios pies de don Felipe. ¿Las fatigas del amo han de ser las del criado? Sí, si de ellas se desprende algún beneficio. Porque Su Católica Majestad es acosado por incontables cuidados y ya hace seis años que está privado de Olivares, su escudo, su mano y reclinatorio. También el imperio, como su real persona, declina, pero el bufón es actor y puede simular dos vidas, mientras que los reyes se han de atener al rigor del protocolo, a la gravedad de su cargo, a la tiranía del deber. Las cabalgatas por El Pardo, las fiestas del Retiro, los saraos de Palacio y las francachelas furtivas en el mesón del Segoviano ya no son como antes. ¡Cómo se fue el tiempo! ¿Y qué fue de la Calderona? Sebastianillo es el único que queda de aquel séquito, aunque, quizás, el Rey sospecha que no le quiere, ¿pues hay que fiar en bufones y hombres de placer? Dicen que el mundo es engaño y ansia, y nuestra católica nación gasta sus esfuerzos en palabrerías y embustes por olvidar las hambres crudas, las cosechas menguadas, las pestes negras, el desmayo del valor y tantos infortunios. La pesadumbre tumora con frecuencia el juicio de los políticos y de los poetas. El pueblo boquea, reza y pide, sin embargo, bulla. La Corte es panal y gusanera, todo a una, como luz que atrae en la oscuridad a los mosquitos. Los nobles, agobiados por créditos y mermadas rentas, rebuscan las migajas de la Corona. Nada de lo inmediato espanta ya, que a lo más parece mueca grotesca de un destino torcido. El conde-duque acaba de nombrar consejero de Indias al pregonero de Medina del Campo y llegará el día en que su mula *Retortilla* reciba el Toisón. ¿Pero esto cuándo fue? Porque las cosas no han mejorado desde que el privado abandonó el Alcázar un viernes 23 de enero de 1641, por una escalera secreta, burlando así a la multitud que le aguardaba, a la puerta de la Priora. Lo bajaron en silla, porque no podía andar. Muchos celebraron su caída; otros, los menos, la lloraron. Don Sebastián de Céspedes sentenció el caso con filosofía: «Cuanto más trepa el mono, tanto más enseña el culo.» Don Gaspar, conde de Olivares, con su corpachón de oso peludo, gotoso, aquejado de recias melancolías que lo postraban por semanas en cama, tiritando de miedos para alzarse luego más autoritario y sañudo que nunca, infatigable ojeador de cualquier mudanza o tiento. Olivares no había podido sostener con su ilimitada autoridad el derrumbamiento del reino, tal que un muro cuarteado que se viniera abajo sin remisión. Cataluña y Portugal se habían alzado en armas, la Andalucía se volvía veleidosa con las mismas miras, en Borgoña apaleaban a nuestros soldados y en las aguas del Guadalquivir se apostaban los navíos ingleses a la espera de los galeones de Indias. Todos los cabos, pues, se deshilachaban sin remedio. ¿Qué mejor refugio que cobijarse a los pies de Su Majestad, sin cuidados ni planes ilusos, ajeno al turbión del tiempo que arrasa bienes, honras y felicidades? La Corte es escaparate y bazar. Y don Sebastián de Céspedes es de los pocos que osan tomar a chanza las desdichas comunes: un modo de burlar las burlas. Nadie le censura y a cuenta de las atribulaciones del Monarca desata sus gracias malévolas, los chismes más irreverentes, los chascarrillos bufos. Es su oficio. A cambio tiene mesa, casa, lecho y seguridad. Además, oculta un secreto increíble, un recuerdo abrasador que alumbrará una vejez melancólica.

La cena, el champán, el cigarro, ¿estás contento, Domingo? Lola Miranda le observa con simpatía, se preocupa de él, lo cuida como un hijo. Domingo sorbe una cálida humareda del puro y ve en la brasa fantasías hermosas. Muy contento, Lola, aunque un poco mareado. Vidal Solana relata una anécdota escabrosa de Naniska; Merino no se la puede creer, no era coña, dice Paco, fue en el rodaje de aquella película con Juanjo Méndez y Lloret, también Franco Varessi se sorprende, ¡santa Madonna!, se acaricia la pelambrera de la barba capuchina, proyecta su retórico asombro. Su cabeza calva y morena, sus ojos hinchados y grandes le asemejan a una estatua de grasiento filósofo griego. Mariella es como una jaquita espantadiza, no ha entendido nada, pero también se sorprende, se ríe a destiempo, se sacude hacia atrás la melena rubia, lacia, tan niña. Domingo tose por el humo, el anillo rubí destella en su mano, sus pensamientos naufragan por otros mundos. Todos los enanos de la Corte son muy aficionados a adornarse con preseas y alhajas, y en ellas invierten buena parte de sus ahorros y caudales: cadenas, broches, colgantes, sortijas, camafeos. Y ellas —Catalina de Morales, Juana *la Pandorga,* Margarita Romero— lucen broquelillos, aretes, zarcillos, ajorcas y otros aderezos. Casi todos los hombrecillos gustan también de la compañía de gatos, canes y pájaros extraños. Don Juan de Austria vive entre cotorras, guacamayos, loros y otras aves venidas de América, igual que los reyes y poderosos se rodean de enanos y caballos. Olivares, entre mulas de tiro y corceles, guardaba más de treinta en sus cuadras de Loeches, sin contar las manadas de sus fundos andaluces. Doña Catalina de Morales tenía a Sebastianillo: era entonces mocito, recién llegado a Madrid, quería hacer carrera como hombre de placer. Lo protegió y lo trató con mucho mimo, como a un animalillo. Me sentaba a la mesa, me compraba calzas, me traía apetitosos manjares, nunca gustados hasta entonces sino de oídas, ¿te gustan estos mojicones, Sebastianillo?: son del convento de la Encarnación. Pero estaba cerca de los cuarenta y quizás por eso se volvía más clueca, más caprichosa, más mandona y antojadiza, haz esto, siéntate a mi lado, ¿por qué no aprendes a bordar como yo? Fue su protectora. Don Diego de Velázquez acababa de retratarla: hinchada como una matrona, con un feo mohín de labios, algo cenicientos los cabellos, la tez blanca y toda ella satisfecha, pero aquellos ojos negros y necios, de vaca enferma, no eran los suyos. Es sabido que Velázquez embellecía a los caballos del Rey y afeaba en exceso a los bufones. Doña Catalina de Morales se tornó voluble, recelosa e imprevisible. A veces la ahogaba un fervor piadoso que le hacía desear el retiro de un convento y las tocas de monja. Otras holgaba y reía a dos carrillos, muy infeliz, sin hacer nada. Otras veces inventaba viajes a lugares remotos, se disfrazaba de vicerreina del Perú, quería que yo fuese su paje, su hijo. Se quejaba con afectación, ya no fías de mí, Sebastianillo, ¿me dejarás sola? Pero luego se encorajinaba con reproches amargos y ansiosos, y más cuando le acometían los celos, ¿te vas?, se enfurruñaba como una amante furtiva. «Te aguardaré en el balcón, mis ojos, bordándote una camisa», le decía, pero Sebastianillo se mostraba desdeñoso, el gallito quería escapar del corral. Y cuando ya los ofrecimientos empalagosos y los reniegos destemplados de ella se le hacían insoportables, le replicaba un «sí, madre» que la hería, la humillaba, ¡ingrato!, ¡deslenguado! Después Catalina pataleaba de rabia, traidor, le insultaba, descarado, hacía pucheros, infiel, así le pagaba sus cuidados, su pan, su casa, su lecho y sus desvelos. «Yo te saqué de la mugre y de la piojería», decía con su voz aflautada, aniñada, rabiosa como una alimaña. Luego continuaba con su perorata de amante despechada, con incontables reproches, reconvenciones y ruegos. Sebastianillo, con esa presunción que dan los pocos años, despreciaba sus llantinas. Apuraba la jícara de chocolate, se alzaba de la mesa, sordomudo y displicente, componía su figura y se encaminaba a la puerta. Bajo el dintel, muy lindo y tarambana, ladeado, se tocaba el airón, se calzaba parsimonioso los guantes de cabritilla, remangaba la capa y con ademán teatralero decía adiós. En la penumbra de la estancia doña Catalina sorbía un hucheo, contenía un jipío, se ahogaba en suspiros y pucheros, sentía ese desconsuelo afligido con que castiga la infidelidad. ¡Qué gran secuencia!

Domingo sonríe distraído, qué cruel era Sebastianillo, vuelve de su sueño, se esfuerza por prestar atención a Sara, a Merino, ¿de qué hablan? Aborrece al periodista. Tiene cara de inquisidor, ojitos duros, labios finos, frente menuda, por qué la acosa, vigila, distrae, pobre Sara, igual que la reina María Ana perdida en un país extraño, tan niña aún, con un esposo tan resabiado, tan falto de ternura y voluntad, tan mayor para ella. Sara Soto tiene esa fácil versatilidad de los intérpretes escasamente aspaventeros, su cara se transmuta en la pantalla convenciendo por un difuso hechizo interior, le basta con un mohín, un liviano tic de labio, una sostenida mirada: verde, acuosa,

¿indomable? Tiene algo de la picardía de Shirley McLaine, algo del misterio de Anouk Aimée, aunque muchas veces ha tenido que achulapar la figura, hale, manotazos en la cadera, desgañitarse con gracejo lenguaraz —¡te se caerá la cara, espabilao!—, musitar cositas cursis poniendo morrito inocente, todo por exigencias del guión. Domingo conoció a Anouk Aimée en el comedor del Reina Cristina, lo sentaron frente a ella, admiró sus ojos misteriosos, su comportamiento reservado, celoso, tal vez, para no prodigar la ternura, a mí me gustan las mujeres con pelito corto, le dijo Domingo, son más enigmáticas, lucen ojos más grandes. Eso fue cuando se exhibió en el festival *España cañí,* qué recuerdos, la Concha, los periodistas, el mayor éxito de Domingo Gálvez, los flases, las ruedas de prensa, el paseo por la playa, las cenas de gala en el hotel. Ahora es la primera vez que coincide con Sara en una película. Sara nunca ha trabajado con un director que indagara en su cara y en sus ojos la apasionada fatalidad de Lauren Bacall, aquella falsa inocencia arrebatadora, nena, estoy hecho de la madera con que se hacen los sueños: ella los provocaba, embrujaba como un talismán cautivador y malévolo, como el halcón maltés. Domingo, uf, está algo mareado, se embrolla con pensamientos tan diferentes, el humo del cigarro le abrasa en el pecho, le hace carraspear dos veces, le seca la saliva. Bebe un sorbito de champán y algo turbado desciende, con precauciones excesivas, del cojín, de la silla, se va a los servicios, en seguida vuelve. Apenas su cabellera postiza y su cabeza toscamente ennoblecida sobresalen de entre las mesas del comedor. Estuvo a punto de encarnar una vez a Max Estrella, ¿por qué no?, con un grupo teatral de Vallecas, pero el proyecto se vino abajo. Ahora su figura se ambienta acorde con la pátina de otros siglos reconstruida en las vigas del techo, los apliques y las sillerías de las paredes, aunque no con los manteles, las alfombras, los cuadros turísticos de los muros, *Spain is different.* También la noche podría imitar otras noches de novela, de cuadro, de película ensoñada, si no fuera por la extrañeza de esa continua musiquilla de ambiente, *Siboney, El día que me quieras, Diana*. Ahora, camino de los lavabos, advierte el ritmo pachanguero, le duele un poquito la cabeza. En el urinario no sabe cómo arreglárselas con su atuendo de mosquetero, necesita las dos manos para bajarse las calzas, lleva el cigarro a los labios, el humo ciega sus ojos. Con la música caribeña Humphrey Bogart aprieta el brazo de Lauren Bacall, la saca del cabaré hacia la baranda, al borde de la playa de cocoteros, se acerca el runrún de una motora furtiva, un soniquete de fondo, tras la luminaria del ventanal, dice que Cubita linda, mijita, candonga, ¿o es en Jamaica, en Martinica?, en la noche arde la brasa del cigarro, perfumes, sabores nocturnos de piña, mango, guayaba, el esmoquin blanco y ese duro perfil de la mejilla, todo arreglado, muñeca, la mulata del cabaré se mese, dansa, se balansea, Cubita mi amiga, y ahora es el beso dulce y voraz de la Bacall, cuando un bulto, un brazo, un destello de navaja se ahonda, un quejido roto, un borbotón de sangre, de súbito se agita, vuelca, tambalea todo enderredor, dos americanos borrachos de ron salen del cabaré, unos pasos veloces se pierden en la oscuridad, poco después, tac, tac, dos disparos perdidos entre las sombras y los reflejos del agua, el runrún de un motor se aleja, persiste el ritmo de la musiquilla, hacia allá, donde las luces del cabaré, candonga, mihijita, la mulata de Cuba, ¿o era en Jamaica, en la Martinica?

Cuando Domingo vuelve a la mesa, Mariella Cassola reclina hacia Vidal su cara morena, provocadora, caprichosilla, pero un tanto ñoña, pavisosa, lindeza de flas de los *paparazzi* nocturnos de Vía Veneto, cromo de *starlette* en las tumbonas de playa de Niza, satinado retrato de las revistas del corazón. ¿Cómo va a dar el papel de María Calderona, la cómica más famosa de los corrales de Madrid, amante de don Felipe? Sebastianillo la conoció bien, los dos en torno de Su Majestad, rivales, como dos gozquecillos que compiten por los favores del amo. Pero esta rivalidad entre amante y bufón era falsa y engañosa, los dos representaban, una secreta manera de ejercer la venganza. Porque tras la apariencia y el juego de competidores, ellos ocultan su mutuo aprecio, esa connivente comprensión entre desvalidos. La cómica María Calderona encandiló a todos los hombres con sus mañas y trazas, fascinó con sus equívocas insinuaciones, abrasó con sus sensuales malicias. Todo en ella era admirable: ingenio, ojos, risa y voz. Pero sabía que esa suerte aventurera, colmada y esquiva, era efímera, así que por dentro se fue acorazando con desdén altanero, una disposición arisca y desconfiada. Tenía todas las artes de la simulación y en grado muy excelso, pero su fondo vital se asentaba en el decrecimiento sumiso, ajena a la ingenuidad, como les sucede a las almas melancólicas. Eso nunca lo sabría expresar la Cassola, *ma no, no, no, carina, non è questo,* ¡corten! La *maestosa* sabiduría de Franco Varessi lograría, no obstante, extraer de Mariella ese toque frívolo de la belleza radiante, un pizzicato de malicia vivaracha, oportuna, utilitaria, porque amantes áulicas y bufones de palacio deben servirse y medrar con los bienes que a su alcance se ofrecen, que no son sino propinillas, limosnas, gratitudes, igual que ocurre a poetas, músicos y pintores. A cambio entregan, además de sus cuerpos, su talento. Justo es que, en tanto pueden, bullan, discrepen, se beneficien. Un pago del bufón es subvertir el orden con la palabra. Le dan licencia y bula, ¿no es gozo? Su lengua es de doble filo. Con delicadeza lame, adula, acaricia, mas también roza, lija, raspa. ¿Acaso los poderosos no agradecen que alguien apocado les diga verdades crudas, los zahiera y los remede con burla? Así se relajan de sus obligaciones y decoro, se hallan dadivosos, compran compañía. De igual modo don Sebastián de Céspedes tiene a *Vittorio*, un lebrel que le consuela la pesadumbre de su edad cincuentona. Muchas veces el enano ha prestado su perro a don Felipe para las monterías y para los retratos del pintor Velázquez. «Majestad, sois tal para cual», le dijo una vez don Sebastián, durante un sarao en El Pardo, entre gitanillos palmeros de Loeches, cómicas, caballeros y gran animación de fiesta: refrescos para aliviar la noche sofocante de agosto, músicas para alegrar la velada, manjares sabrosos para reponer las fuerzas del día.

—Hola, ¿y cómo es eso, Sebastianillo? —dijo el Monarca.

—Porque tenéis el morro recio, Majestad, como mi *Vittorio*. Es de casta.

Hubo, aunque brevísima, suspensión del ánimo, expectación pavorosa, ¿no se había excedido el enano deslenguado? Pero el Rey —pelo de maíz, labios rosas, ojos muy azules y vulgares, pálida su tez como la tarde— rompe a reír, alegre, campechano, y tras él todo el séquito, ¿don Felipe como *Vittorio?*, se alboroza la concurrencia, Su Majestad ladra al aire, ¡guau!, husmea como un perdiguero, ¡guau!, ¡guau!, late, zamarrea, aúlla, ¡guauuu...!

Ahí es donde se veía el poder de aquellos hombrecillos, en que salen indemnes de sus dichos, cuando otros muchos súbditos, por supuestos pensamientos inconvenientes, son castigados, torturados, chamuscados en la Plaza Mayor. A cambio los bufones estamos siempre a disposición de los reales caprichos del amo, yacemos a sus pies, nos postramos, nos humillamos, desahuciados de honor y dignidad, que llenan más la cabeza y el pecho que el vientre. Por eso, tal vez, algunos enanos de Palacio son vengativos y rencorosos. Se disminuyen y apocan, pero luego atacan venenosos, como víboras. Oídos y lengua: ese es su patrimonio, que tener informaciones es ser poderoso. Don Sebastián llegó así a ser temido entre los Grandes de España. Ve venir por el corredor al duque de Sessa, tronado galán, buen jinete, y a su lado el duque de Medinaceli, olvidadizo, anticuado, todavía con gorguera al cuello —cuando hace ya más de diez años que nadie usa esa prenda—, aficionado a las plantas raras, venidas de las Indias y de otros rincones apartados y remotos. Es mediodía y acuden al Alcázar para asistir al Rey mientras come. Don Sebastián no se aparta, los mira con fijeza y tararea un romancillo con soniquete perverso: «Olivares ya lo sabe, Olivares ya lo sabe...», y los nobles se miran conturbados, aquella musiquilla los descompone como si les clavaran una lanceta.

El anillo rubí de Domingo es como una pantalla de cine: reverbera mil sueños y ficciones, lo abstrae, Lolita Miranda lo observa, ¿te has quedado triste?, había que animarse, era su cumpleaños. La gente del cine forma una gran familia. Sara Soto pregunta la hora y alguien le contesta que es temprano, poco más de las once. Domingo pide otra botella de rioja: es su cumpleaños, no quiere ver caras tristes. ¿Por qué Sara no le hace caso? Ella no sospecha nada de su amor clandestino, corroído de celos, abrazado por una negra desesperanza. Qué zozobra solitaria la del enamorado tenaz. La vida no tiene los embustes del cine. Si los tuviera, Sara Soto se comportaría como doña Ana de Austria. La Reina se sentía extraña en un país tan árido y lejano, la oprimía el severo protocolo de Castilla, nadie la entretenía de veras. Sólo Sebastianillo jugaba con ella, distraía sus horas de tedio y escuchaba sus cuitas. El enano inventaba situaciones cómicas, se convertía en chiquillo, ngé, lloriqueaba, agogó, hacía pedorretas, ella se reía y continuaba la parodia, lo acunaba en brazos, le ponía los pañales y arrullaba a su chiquirritín, ea, ea, mi niño. Era una reina tan mocita, una menina, casi una niña: tirabuzones, ojos azules, tez blanquecina, risa de cristal. Él era casi cincuentón, habitante ya de esa estancia sombría que es la vejez. A la reina María Ana le gustaba jugar a la rayuela. Saltaba de un cuadro a otro sin tocar raya, con los faldones remangados. Ríe y lo desafía. El enano patoso hace como que va a saltar, a la una, a las dos, y a las tres, y sus zancajos amorcillados salen corriendo, pisando todas las rayas. La Reina protesta, ¡trrampa!, dice con sus erres austriacas, erres un trrramposo, enano, peludo, me dice, los dos desamparados en aquel inmenso palacio, víctimas los dos de nuestra condición apocada. Ejercía con ella mi oficio de bufón. Polvo seré, mas bufón enamorado, que diría el poeta Quevedo. En cambio Sara Soto no sabe nada de mi secreto sueño, ni me mira. Ahora está pendiente del debate entre Merino y Franco Varessi, que hablan de cine de Rohmer, mientras Vidal pela la pava con Mariella Cassola, en una jerga que Domingo Gálvez califica de espagueti-castellano. De pronto en la mesa de al lado los técnicos de rodaje se levantan y forman coro detrás de Domingo, es un muchacho excelenteee... y siempre lo será. Todos brindan por su cumpleaños. ¿Quién dice que los enanos somos de condición melancólica?

—Así fue como te viste en el papel de tu vida.

—Así es —dijo Domingo—. Era mi oportunidad. ¡Un personaje como don Sebastián de Céspedes! La ilusión de un actor. Después, a vivir de los buenos recuerdos.

—¿Y para qué sirven los buenos recuerdos? ¿Para tener otra noción del tiempo?

—No lo sé, a lo mejor —dijo Domingo—. A mi edad me vienen esas fantasías. Es como si estuviera viendo una película.

—¿Como sentado delante de una gran pantalla?

—Eso es. Quieto en la butaca, pero viajando con las imágenes. Ahora es como si fuera en barca, río adelante. Cierro los ojos y estoy en la selva. Me parece oír entre la maleza chillidos de mono, gritos de pájaro, revuelo de ramas.

—¿Y eso no te inquieta, Domingo? ¿No te da pánico la selva?

—Me hace sentir pequeño, pero no me inquieta. Voy tumbado en la canoa y no tengo prisa.

—Me gustan las películas con indios, tramperos, disparos de máuser. ¿Están lejos los soldados? Cuenta.

—Nada de eso —dijo Domingo—. Un río caudaloso, voy solo, llevado por la corriente, es por la tarde. Apenas en un recodo se ve un playón de guijarros, una calva en el bosque de tierra rojiza, nubes de mosquitos entre la fronda. El cielo es plomizo. Es la selva.

—Eres un poeta, Domingo. Pero ya cambiaste de conversación. Hablábamos del papel de tu vida. A lo mejor no luchaste mucho por él.

—Claro que sí —dijo Domingo—. Me fui haciendo la película en la cabeza. Me sabía infinidad de escenas de memoria. Toda la vida de Sebastianillo. Me parece que nació en Olmedo, luego los viajes por Castilla, Medina, Talavera, Madrid, los salones de Palacio, su casa en la Cava Baja, cuando ya tenía más de cincuenta años. Veo todas sus caras, cómo iba pasando el tiempo con la labor de los maquilladores, las arrugas, las pinceladas canosas en el pelo, los ojos más apagados. Entonces ya era don Sebastián.

—Pero esa era otra película. Confiésalo, tú querías ser el protagonista, más importante que el rey Felipe II.

—Era Felipe IV.

—Es igual, Domingo, una película para ti solo. De héroe.

—No era un disparate —dijo Domingo—. ¿Acaso don Sebastián de Céspedes no fue un hombre ingenioso y apasionado? ¿Y no era una perspectiva para juzgar un siglo? ¿Eso no interesa? Porque también enjuiciaría el presente.

—No te entiendo. Me gusta que te apasiones con tus razones, pero no te enfades. Toda la película para él sería aburrida.

—Nada de eso. ¿Y las gentes que conoció? También destacaban Olivares, la Calderona, el Rey y doña María Ana, la Reina.

—¿Se llamaba así la Reina?

—Sí, era hermosa y desvalida, y casi niña cuando conoció a don Sebastián. ¿No puede una reina tener una amistad confidencial con un artista?

—¿Qué artista? ¿El bufón, aquel enano? Perdona, Domingo.

—Los hombres de placer de los reyes son también artistas. Sueñan.

—No quería molestarte, ¿pero era sólo amistad? ¿Nada más?

Don Sebastián de Céspedes avanza por el corredor con pasitos veloces. Le sigue un criado suyo al que llaman Pacheco, alto, corpulento, torgado, de rostro torvo, que con su tamaño excesivo achica y empequeñece el cuerpo de su amo. Pero no sorprende esa descompostura, que el mismo siglo va así, en contradicción y contraste, lo grande con lo pequeño, el lujo con las miserias, el desengaño con las quimeras. ¿Hay alguien en el mundo más poderoso que nuestro Rey? Pues su despensero se queja, el repostero no cobra, el aposentador demanda créditos para encender las estufas del Alcázar. Todo es desmedido, y los términos contrarios se confunden y abrazan, no se complementan. Pacheco ayuda con eficacia a su amo: le vela a la puerta del aposento, le alcanza las cosas elevadas, le guarda y escolta por las calles, tan inseguras que no podría dar dos pasos don Sebastián sin que le robaran los dineros, el anillo y aun el jubón y los zapatos. Ahora Pacheco carga una gran caja cuadrada, envuelta con finos papeles y adornada con lazos y nudos azules. Por cada zancada del fámulo el enanillo se obliga a tres trancos. Suben la gran escalinata de la puerta de la Priora, alcanzan la primera planta, siguen por el amplio corredor de poniente, donde están los aposentos regios. Don Sebastián conoce tan bien el camino que ya no repara en la riqueza de los mármoles, el destello de lámparas y apliques, el primor de los tapices y las fabulosas pinturas del techo y los lienzos, aquí y allá, de Velázquez, Murillo, Rubens y el Tiziano. Son pocas las personas que pueden adentrarse por este pabellón, pues los más tienen licencia para acudir al comedor retirado, a la Sala de los Espejos, donde se recibe a cardenales, virreyes, capitanes de mar y tierra, embajadores, consejeros y otros séquitos numerosos, o, en fiestas señaladas, acudir al gran salón de ciento sesenta pies de largo y treinta y uno de ancho donde celebran banquetes, fiestas, representación de comedias, mascaradas y otras solemnidades. La Reina tiene aposentos apartados para ella sola. Don Sebastián se acerca a la puerta, pone el oído junto a la manilla, llama con los nudillos, no muy recio. Escucha atento, se vuelve hacia Pacheco, lo mira de abajo arriba, como a una torre, no dice nada. Vuelve a golpear con los nudillos, esta vez con mayor gravedad, y espera. Por fin se mueve sigilosamente el pomo y la puerta se abre poco más que una rendija: unos ojos, un dedo delante de la boca:

—¡Chitón! —dice la azafata—, ¡qué alboroto! ¿Qué os trae por aquí?

—Ver a Su Majestad.

—Pues guardaos, que duerme.

Don Sebastián se queda suspenso un instante.

—¿Todavía? ¿Padece algún mal?

—Chisss...

—Esperaré aquí.

La moza encoge los hombros y cierra la puerta con el mismo sigilo de antes. Con andares quedos, casi de puntillas, regresa al aposento paredaño a la alcoba de doña María Ana. En la penumbra, se sienta en un sillón, y se inmoviliza, como un ave, los ojos abiertos. Esta estancia es muy espaciosa y en ella se viste y desviste la Reina, se acicala y peina, se baña en una gran tina de porcelana francesa, casi a diario, y en los días calurosos hasta dos veces. Gusta mucho esmerarse en sus afeites y pasa mucho tiempo en lavatorios, aun en invierno, con cuantioso gasto de jabones y perfumes. Esta costumbre de limpiarse y contemplarse tanto el cuerpo se reputó al principio de extranjera y poco cristiana. Los confesores se conturbaban y argumentaban intrincados reparos, ¿no era mal ejemplo?, ¿perniciosa enseñanza?, pero ¿cabían en Su Católica Majestad torcidas intenciones, propósitos equívocos? Doña María Ana se reía de todo eso —era como una niña inocente—. Al poco algunas altas damas —sus camareras y allegadas— la imitaban, pues es sabido que la más mínima mudanza de los reyes se vuelve moda. Esta estancia comunica con otras más reducidas. Tiene una mesa de jaspe en el centro, redonda, adornada con jarrones de flores. En los extremos, bajo pinturas valiosas y unos mapas de la mano de Juan de Viñas, hay sillones y sillas, muy bien acolchados de ricas telas, donde se sienta a leer o bordar, cerca del balcón, que da sobre los jardines del campo del Moro. Estas dependencias privadas se completan con oratorio recoleto y dos cuartitos para doncellas.

La azafata oye como un rezongo de cachorro mimoso, y de puntillas se encamina a la alcoba, empuja dos dedos la puerta e intenta atisbar en la oscuridad, ¿llamaba, mi Reina?, susurra. Esta segunda esposa de don Felipe, aunque a veces es muy jugadora y alegre, otras se ofende con los ruidos destemplados, las voces desmedidas, los portazos y hasta el tintineo de cubiertos y copas. «El mejor protocolo es el más silencioso», dice. Los bufones hacían chistes sobre la discreción austriaca.

—¿Estás ahí, Isabelita?

—Majestad.

—Oí llamadas, ¿es tarde?

—Como las diez, mi Reina.

—Pues ya soy despierrta —dice, con un bostezo contenido y perezoso, arrastrando las erres, sin hacer ningún progreso en la manera castellana de decirlas.

La mucama abre el ventanal y una luz abrasadora inunda la alcoba. La Reina, aun con sueño, se ciega y esconde la cara bajo el rebozo, como una niña remolona.

—Era Sebastianillo, Majestad.

¿Se sorprende? Mejor que no fuera la duquesa de Osuna, su Camarera Mayor, ni otras damas que se disputan asistir a su despertar.

—¿Y qué quierre el pispiajo? —dice; a veces le gustan palabras de burdel o más propias de la plaza de la Cebada, y tiene muy buen oído para frases hechas y modismos de la lengua castellana.

La luz del ventanal está gastada en oros viejos, pues el sol amaneció con claridad impropia, líquida, pero ahora avanzan nubes algodonosas por poniente, el aire se espesa y sofoca, quizás descargue la tormenta a la caída de la tarde. La Reina tiene la costumbre de dormir con las ventanas abiertas, así en verano como en las crudas noches de invierno. Al amanecer Isabelita se las cierra, para que no la desvele la luz. Fue otra de las sorpresas que deparó su llegada a la Corte. Decía que respirar el limpio aire de la noche era más saludable, y además podía ver desde la cama la luna y las estrellas. Pronto algunas de sus nobles damas probaron a imitarla, pero las más enfermaron con catarros, resfriados y gripes, y muy en especial la duquesa de Medinasidonia, que se llegó a los umbrales de la muerte por mor de una gravísima pulmonía.

—El duendecillo aguarda fuera, Majestad —dice Isabelita—. Y viene con un paquete.

—¿Sí? ¿Qué es?

—No lo sé, Señora. Es un gran paquete.

—Que pase, que pase prresto —dice doña María Ana, sin reparar en el ademán indeciso de la sirvienta.

—El productor me recibió encantado —dijo Domingo—, sin hacer antesala. Como si yo fuera Marlon Brando.

El señor Sáez salió a recibirle en cuanto la secretaria lo anunció por teléfono, don Pedro, quiere verle Domingo Gálvez, está aquí. La secretaria miraba a Domingo de reojo, su mano jugaba con un rotulador, luego se ladeó dando un impulso a la silla giratoria, bajó la voz, es el enano, cuchicheaba, y viene vestido de caballero antiguo, como en la película. La secretaria se endereza, cuelga el teléfono, se pone de pie, ahora mismo le recibe don Pedro, por aquí, señor Gálvez. En ese instante se abrió la puerta, pasa, pasa, Domingo, el productor le recibe entusiasmado, has hecho muy bien en venir a verme. El despacho es muy amplio y luminoso, en las paredes hay muchas fotos de artistas, cuadros, estantes con estatuillas y galardones, premios y diplomas. Tras la mesa un gran ventanal permite ver, allá abajo, la Castellana, ríos de coches, como hormigas en fila. Las oficinas de la productora están cerca de la plaza Castilla, en el piso veintidós: se divisan tejados y antenas de televisión, terrazas de fincas lejanas, pero siéntate, Domingo, ¿un whisky? Domingo cruza la alfombra mullida, se sienta en el sofá de cuero, no, a esas horas prefería un café.

—Yo no iba contra el productor —dijo Domingo—, pero defendía a mi personaje.

—¿A Sebastianillo?

—Sí. Lo falseaban, despilfarraban su mundo, anulaban sus sentimientos. El guión se desfiguró durante el rodaje. Era como si me hubieran robado algo.

—Todos los artistas sois muy quisquillosos. A veces hasta os peleáis por el nombre en los carteles, quién va primero, quién lleva las letras más grandes. Tú querías la película para ti solo, ¿no eras orgulloso?

—Me sentía muy digno —dijo Domingo—. Don Sebastián era algo más que un figurante de tercera, un bufón grotesco y sin gracia ninguna. A eso lo reducía Franco Varessi.

—¿Quién era Varessi? No me acuerdo.

—El director. Un italiano, cómo iba a entender la vida española de aquella época. Barría para casa. Como si Mariella Cassola fuese una gran actriz.

—Estabas celoso, Domingo, confiésalo. ¿O lo hacías por patriotismo?

—Me sentía engañado, ya te dije. No era por patriotismo, aunque algunos periódicos lo destacaron así. Me hicieron muchos reportajes y entrevistas, pero también añadieron muchas mentiras.

—A los artistas os gustan los escándalos, no lo niegues, Domingo.

—Yo sólo luchaba por mi papel, ¿no era justo?

—Sí, pero te hacías publicidad, armaste un gran escándalo.

Había recorrido la Gran Vía de arriba abajo con su atuendo de caballero, calzas, jubón, chambergo y espada. La gente se apartaba, se volvía a mirarlo, quedaba embobada, ¿era de un circo? Pero Domingo caminaba con extrema gravedad, ensimismado, altanero, como si rondara la casa de su dama. En Sepu, ante el edificio de la Telefónica, se formaban corrillos, los guardias mandaban circular, por favor, señores, se embotellaba el tráfico en la calzada, sonaban bocinazos, ¿no ve que interrumpe el tránsito? Pronto llegaron los fotógrafos, los periodistas, los cámaras, ¿protestaba contra el productor, contra el director, contra los guionistas? Pero Domingo sólo reivindicaba la libertad de don Sebastián de Céspedes, ¿acaso no fue digno de honor, de vivir sentimientos apasionados, de amar incluso a una Reina de España? Había que alegrar el reportaje, qué opinaban los aquí reunidos, a mí pues me parece bien, ¿usted, señor?, que tenía toda la razón, o sea, los españoles somos muy papanatas y lo mejor nos lo llevan los extranjeros, ¿usted, señora?, yo que se busca publicidad, y entre tanto él desenvainaba, acometía, ¡voto a Cristo!, daba estocadas al aire.

—Tan obsequioso al principio, pero me engañó —dijo Domingo; el señor Sáez estaba ocupado, no quería que la secretaria le pasase ninguna llamada, ¿así que prefería un café con leche?, desde el sofá de cuero Domingo ve el gran ventanal sobre la Castellana, la mesa imponente, las macetas de plantas, los trofeos y fotos de las paredes.

—Era un desagradecido, Domingo. ¡Con la publicidad gratuita que le hiciste! Los productores no tienen corazón.

—Prometió revisarme el contrato, pero él no se metía en la parte artística.

—¿Y no era verdad?

—No lo creo —dijo Domingo—. Me aturdía con promesas. Me ofreció también un trabajo en otra película. Necesitaba hombrecillos pequeños como yo.

—Pues no te trataba tan mal. ¿No cumplió nada?

—Eran promesas, planes. Además, yo ya no me encontraba bien.

—¿Fue cuando te pusiste malo? Por emperrarte en tu idea.

—Yo quería que me revisaran el papel de don Sebastián. Lo habían desperdiciado y falseado. Por eso me sentía dolido por dentro. Traicionado.

—Un sentimental y un poeta, eso es lo que eres. Pero también muy testarudo. ¿No se había acabado el rodaje de la película? Ya no tenía remedio, y tú a la carga.

—No era así. Habíamos acabado exteriores en Aranjuez, Sigüenza, por ahí. Pero faltaban escenas de estudio, y todo el montaje.

—Cuánto sabes, y qué vida has llevado. Popularidad, viajes, aplausos, siempre me cuentas las cosas con desorden. Y hay días que te aferras a los peores recuerdos. Después te pones triste, no cenas, duermes mal. ¿No fuiste un artista famoso?

—«La fama no es sino un ruido, falsedad, impostura, que las más de las veces se gana sin mérito y se pierde sin culpa. ¡Valor, amigo Casio!» —recitó Domingo.

—¿Ves? Un gran actor. Te conocían en toda España. ¿Y no hiciste anuncios de televisión?

—Alguno —dijo Domingo—. Un trabajo menor.

—Pero te pagaban bien. ¿Fuiste rico?

Tres días de rodaje para veinte segundos. Una cocina blanca, moderna, una banqueta alta, allí estaba Domingo con las piernas colgando, un baberito blanco al pecho, la cucharilla en la mano, le gustaba la papilla, ñam ñam qué ico, escupía, hacía pedorretas, se lo comía todo, era un niño feliz. La voz en *off* terminaba: «Potitos Nenines. Para crecer más.» Y en otro anuncio, para la misma casa comercial, era Sebastianillo, ataviado con sus galas y cadenas de oro y anillos de rubí, a la mesa —mantel de hilo, copas, candelabros—, en un gran salón, el fuego chisporroteaba en la chimenea, *Vittorio* dormitaba perezoso en una alfombra, una moza se acercaba con una bandeja de plata, un plato, un tarrito de papilla, le servía. Él, con elegancia antigua, se llevaba una cucharada a la boca: ahí justamente se congelaba la imagen, y la voz en *off* añadía: «Potitos Nenines. Para ser un Grande de España.»

—Pagaban bien —dijo Domingo—. Pero no era eso.

—¿Ya estás tristón?

—No estoy triste. Casi me siento bien, como si fuera en una lancha, río abajo, hacia Manaos. Oigo el rumor de la corriente, veo las nubes pasar, ya no tengo frío. Se fue la tormenta, ya no chorrea el bosque, se alza allá el vaho de la selva, pronto saldrá el sol. Si ves un playón llévame allí, descansaremos. Desde la orilla el río parece distinto a cuando nos lleva. Tampoco quiero perderme esa mirada. Todas las cosas tienen por lo menos dos miradas distintas. Una desde la quietud, otra desde la movilidad.

—Ya estás fabulando. Te quieres escapar de los recuerdos, eso es lo que te pasa. Qué río, qué viaje, qué selva. ¿Me vas a contar una película?

—¿No hay allí un claro en la maleza, un banco de arena y guijarros? Llévame allí, quiero estirar las piernas, secarme la ropa, encender una hoguera. Asaremos un pescado, y veremos el río pasar, tan embarrado, tan crecido. No tengo prisa. Los recuerdos llegan a ser rumores inquietantes, como los rápidos; a veces se alborotan, como los rabiones, nos asustan, como las cascadas y los caños. Si se oyen de lejos dan miedo.

—¿Por qué cierras los ojos, vas a dormir? ¿Quieres que me calle, Domingo?

—Los sueños son como viajes, películas sin fin —dijo Domingo—. ¿Estará muy lejos Manaos?

—¿Qué es Manaos? No puedo seguirte.

—Es una ciudad colonial, en la selva, con balconadas, cafés, un teatro, casas rosas. Pero a lo mejor está deshabitada. No oigo ningún ruido en las calles, ni música en las tabernas, ni el ronroneo de un vapor en el río. ¿Dónde están los caucheros, los negociantes, los indios?

—Qué película más rara. ¿Es de aventuras?

—La aventura es llegar por el río, aunque no ocurra nada.

—Divagas otra vez. ¿Ya no quieres seguir hablando del productor, cómo se llamaba? Fuiste a su despacho, qué pasó por fin.

El señor Sáez lo trató muy bien, ¿un cigarrillo?, lástima que estuviera tan ocupado aquella mañana. Domingo apartaba la vista del ventanal, sentía vértigo de pensar que estaban tan altos, los coches tan pequeñitos allá abajo, en la Castellana. Sáez se mostraba entusiasmado con aquella idea del bufón en la Corte de Felipe IV, Domingo podía tutearle, por favor, se lo rogaba, ¿pero no era mejor un serial de televisión, en varios capítulos? Domingo se sentaba en el sofá más relajado, el café le había entonado, ahora estaba más tranquillo, un serial de televisión sería estupendo. Había que perfilar aquel proyecto, hablar con guionistas, buscar asesores, merecía la pena tomar en serio el proyecto. Domingo estaba contento, ahora sí aceptaría un cigarrillo. Al señor Sáez le hacía gracia verle fumando, con ese atuendo del siglo XVII, pero entre tanto tenía una idea mejor, ¿qué tal una comedia picante, ya sabes, una película erótica de un enano y una reina en aquella época, o en cualquier otra? Dinero seguro. ¿Por qué se enfadaba, por qué se ponía así? Era una idea.

—¿Y Sara Soto era la Reina? ¿Una película verde, Domingo, con muchas escenas de cama?

Doña María Ana se yergue en el lecho, se acaricia los párpados, lo mira como sin reconocerlo. Don Sebastián acaba de penetrar en la alcoba cohibido, sosteniendo sobre la cabeza la caja, que es de peso liviano, pero que apenas puede abarcar con sus brazos.

—Majestad, mi Reina —dijo.

La Reina lo mira con más atención y se le escapa la risa. De niña, en los jardines de Palacio, en su lejano país, veía hormigas cargadas con huevos gigantes al hombro. Tal es Sebastianillo con la caja. Ahora se quita el bonete de dormir, y la melena rubia, escogida en la veta del oro, se derrama en ricas vueltas sobre los hombros frágiles. Sin aderezos ni afeites en la cara, con cejas, mejillas y labios en su color natural, con el camisón ciñéndole sus pechos menudos, parece más niña. Don Sebastián ve la blancura de su cuello de nieve, su mirada todavía velada por el reciente despertar, su postura descuidada en el lecho, sin vergüenza ni pudor. En cambio él se turba, se azara, enrojece.

—Doña María Ana, ¡albricias! —dice, esforzándose por rehacer su ánimo. Le tiende la caja—. ¿Qué habrá, habrá? Yo ya lo vi, lo vi. ¿Un regalo? ¡Oh, oh! ¿Para quién será, será? ¡Ah, ah! ¿Y cuándo mi dama lo ha de ver, ver? No sé, no sé.

Da pasos de chacona, cae de hinojos, rendido, se alza, se acerca y se retira con ademanes excesivos de arlequín italiano. Brazos en jarras, Isabelita se ríe, marchosa, sin recato alguno. «Pero qué duende de Sebastanillo, tan tempranero y alegre.» Doña María Ana, sentada en el lecho, acaba por despertarse, tiende los brazos para recoger la caja, pero el enano los esquiva.

—¿Qué hay aquí? —dice—. *¡Ma chi lo sa!* Si Su Majestad adiví lo que la caja contié, yo estaría dichó de ofrecerle el regá.

—Peludo, peludo —la Reina pone muequilla de enfado, tiende los brazos, le mira ansiosa—: Dame ya, erres peludo.

El enano hace zapatiestas, cabriolas, volatinas. Otra vez acerca el paquete, pero presto se arrepiente y lo esconde, ¿no está?, pone cara de pena, de desconsuelo, luego da un traspiés, simula que tropieza con algo, se sorprende, se alegra, ¡está, apareció! Entonces lo alza con esmero, como si fuera a quebrarse, anda con tiento, se llega a la cama.

—Mi Reina, ¿lo queréis, eis, eis...? —dice en eco.

—Dame ya, peludo.

Tiene Su Majestad la costumbre de llamar a todo «peludo» cuando se contraría. Don Sebastián, que lleva ya más de veinte años de servicio en la Corte, ha aprendido a medir los riesgos y límites de su oficio. Sabe que llegando a un punto las reverencias, burlas y cucamonas fatigan, y el acierto de un hombre de placer está en no propasarse de lo tolerable, so pena de desatar las iras y el enojo del entretenido, con lo que acabaría la fiesta con daño y perjuicio para su persona. Así que esta vez, con ceremonia y galantería de enamorado rendido —¿es monada y cuquería o es, ¡ay!, simulada verdad del alma, aunque secreta?— deja sobre el regazo de Su Majestad el paquete. Doña María Ana tira de los cabos de la lazada, pero los añuda más, quiere romper el envoltorio, no puede desprender la tapa. «¡Isabelita, ayuda porr Dios!», dice. Entre ambas rompen las ataduras, desenvuelven papeles, abren por fin la caja y se admiran: es un vestido de seda, color bermellón, brocado de plata, muy escotado de espalda, con mangas anchas, acuchilladas, puños de puntilla, hombreras altas, como es moda, y falda con mucho vuelo para ocultar el amplio guardainfante. Doña Ana se lo acerca a su persona, para probar las medidas. Da un gritito de gozo y salta del lecho, como estaba, sin recatarse, los pies desnudos, el camisón trasluciendo su cuerpo blanco. Pide a su azafata que la vista.

—¡Ahorra mismo!, Isabelita.

Y sin más, con despreocupación inocente, sin malicia alguna, como si estuviera sola, hace ademán de alzarse el camisón para desnudarse. Don Sebastián enrojece como la grana, vuelve presto la cara a la pared, se queda inmóvil, firme, como muchacho perverso sancionado por el dómine. Con abrumador sofoco, no puede alejar de sí la imagen de los pies de Su Majestad, delicados, chicos, de alabastro, ni los trazos armoniosos de aquel cuerpo de nieve entrevistos bajo el camisón vaporoso. Se siente un poco ¿atrevido?, ¿indigno?, no, no, él es un caballero. En la alcoba hay mucho trajín y alborozo, pues Isabelita entra y sale con almillas, sayas y enaguas. Ahora doña María Ana se ciñe el aparatoso guardainfante, que ahueca y acampana tanto los vestidos que no hay puertas bastante anchas para ella. Sin embargo, no es muy partidaria de guardainfantes ni verdugados, y alguna vez, sin atender al riguroso protocolo de esta Corte española, prefirió prescindir de esas prendas, a la manera reciente de la moda francesa. En un recibimiento a un embajador, llevaba vestido sobre varias enaguas, sin apenas vuelo, y con corpiño que le ceñía la cintura, acabado en cuña sobre el vientre y destacando sus senos, chicos, pero torneados. A pesar del respeto que se debe a las reales personas, esta conducta suscitó solapados reparos, pues, ¿no venía una extranjera a subvertir las costumbres y el recato?

—Don Sebastián, mírrame —da saltitos, pasos de danza, se tornea ante el espejo.

¿No la quería ver? ¿Le quedaba mal el vestido? El bufón, con las mejillas ardientes, se vuelve cuidadoso, pero no aprecia detalle alguno: contra la claridad del ventanal los bordados destellan platas, el rojo abrasa, sus cabellos rubios y enmarañados deslumbran, es como un sol contra otro sol. Se queda mudo. Ella sigue con sus tanteos y pruebas, ¿muy largo?, le faltaban chapines, ¿muy escotado?, ya la reprendería el confesor, ¿ancho de aquí, ajustado de allá?

—¿Estoy linda, herrmosa?

Le gusta mucho. La seda es milanesa, y está bordada en Toledo por las clarisas, pero qué callado estaba Sebastianillo, ¿acaso no la encontraba bella?

—Mucho, Majestad —dice, algo pavisoso.

Pero es que está azorado. ¿No decían que en Viena las damas se acompañaban al teatro con un mico en los brazos para realzar su belleza? «Majestad, si mi cabeza no pesara tanto y si mi cuerpo fuera más liviano..., yo haría de mono», aunque doña María Ana no precisara en modo alguno realzar su hermosura. Todavía algo atolondrado desvía la vista, pero en el espejo de la pared recobra la perspectiva maravillada de un cuadro: en primer término doña María Ana contemplándose, la azafata, de hinojos, le revisa un pliegue, más atrás él, y al fondo los chapines olvidados, el lecho abierto, las sábanas revueltas. Muchos años después don Sebastián de Céspedes cerrará los ojos y se asomará a ese cuadro de gloria.

—¿Ahora te sonríes, Domingo? ¿Tenías un buen sueño?

—Sí. Veía una escena de mi película, un poco feliz y un poco amarga.

—Eres un artista. Pero mezclas fantasías con recuerdos, y eso es malo. Es como juntar lo blanco con lo negro.

—Tal vez —dijo Domingo—. Es porque derramo tiempo en el tiempo.

—No te entiendo. ¿Qué quieres decir?

—Es como si estuviera solo ante un cuadro. O en un cine, toda la pantalla para mí.

—Te gusta pensar que nadie te entiende. Será que no hablas con franqueza. ¿Sara tampoco te entendió? Ayer decías que sí. Y cuando rodabas películas todos te querían.

—¿Eso decía ayer? —dijo Domingo—. Ayer no estaba en esta lancha, en este río. Es el mismo río, pero es otro.

—Otra vez con esa manía. ¿Quieres que salgamos al jardín? Un paseo, antes de que oscurezca. Toda la tarde aquí quietos, ¿no te aburre siempre el mismo ventanal?

—Mejor me llevas a la orilla. Ahora la selva se vuelve más viva. ¿No oyes los loros y guacamayos? Alborotan. Y las serpientes silban, los mandriles chillan, los pájaros glayan. Es porque sale del suelo la noche negra. Después la luz se hace pálida en las copas del arbolado, el río parece tenebroso y los mosquitos nos acosan. Pero es por poco tiempo, hasta que todo enmudece. ¿Ves qué silencio? Sólo el rumor de la corriente. El ruido del agua nos adormece.

El camarero asiste desde prudente retiro a las efusiones alegres de la velada. Prescinde con disimulo de conversaciones y disputas, pero sin desatender la dichosa camaradería de las gentes del cine. Prepara cubiertos de desayuno, centra un florero, arrima al pasar una silla, se acerca al ventanal. Antes de retocar los vuelos de la cortina, atisba en el patio las piedras medievales del torreón, el jardincillo ralo, la noche silenciosa y fría. Regresa a su puesto, entretiene movimientos, escucha cazurro las risas de la fiesta, las alharacas de sorpresa, la recia declamación de Vidal Solana. Acude a la mesa para retirar unos ceniceros, una botella de agua, atender un recado. Enciende el cigarrillo a Merino, no pierde de reojo a Mariella Cassola, reconoce a Sara, pero distinta a la de la televisión, más menudita, poca cosa, eso sí, muy guapa. De lejos Franco Varessi es el chamán de aquel cónclave, las barbas hirsutas de profeta clamoroso, la calva brillante, cobriza con los reflejos, de piel finísima, impone sus ademanes declamatorios, su disertación inconformista, sus reproches profesionales contra productores mercachifles que chalanean con el arte como si fabricaran salchichas. De vuelta a la cocina, el camarero pega la hebra con el recepcionista, hay fiesta para rato, la italiana está como una cuba, si vieras al enano, cómo se lo pasa. Llegan al vestíbulo voces animosas y apagadas, alguna vez unas risas, canciones, te deseamos todos, cumpleaños feeliiz. El recepcionista ojea en una revista un reportaje sobre «Mariella Cassola, amante de un Rey». Media página ofrece su figura ataviada de mosquetero, calzas, botas de caña, jubón acuchillado y ceñido, mangas abullonadas, muy blanca la valona, la mano derecha agarrada con nervio al pomo de la espada, la izquierda alzada hacia el airón de plumas, la comisura del labio prendida entre los dientes y los ojos brujos cargados de brillante, ¿falsa?, azulina ira. Otra fotografía la muestra sobre la cama, bajo el dosel de damasco rojo, en ademán de descuido, las piernas encogidas, la melena rubia liberada sobre los hombros descubiertos, el camisón resbaladizo; en el regazo una libreta de folios: «En los descansos del rodaje Mariella Cassola repasa el guión». Otra foto, más de relleno, recoge un instante en el plató, con Franco Varessi, el dedo del director apuntándole recomendaciones geniales. La última, que ocupa media página, está tomada en la cafetería del Parador, con Vidal Solana, ella muy vampiresa, gafas oscuras, las piernas cruzadas, el vestido descubre medio muslo, los labios displicentes, él prende un cigarrillo, con pose de galán en la terraza del Negresco, una mañana soleada de festival en Cannes, los dos muy cordiales, muy compañeros, con este pie de foto: «La bella actriz italiana con su "amante" en el film». Pero para las largas noches sorianas del recepcionista, nada tan evocador como aquella otra fotografía de Mariella Cassola agarrada a la botavara de un velero, de puntillas, jalando una maroma. Escora el cuerpo moreno en peligroso equilibrio, salpicado de gotas y destellos, en bañador negro, quietas las aguas, azulina la mar, verde y frondoso el pinar de la montaña en la parte superior de la postal, entre villas anidadas en la ladera. Es primeros de septiembre, con olor a brea, a gasóleo en el muelle de Portofino, cuando la sorprendió con teleobjetivo el *paparazzi* ocioso de Cinecittà. Lo tenía todo: la morbidez de la Cardinale, la perfección de la Gina, el desgarro de la Loren y, tras las pruebas de estudio, se comprobó que su talento no desmerecía de la Magnani, *e vero, carina,* el último sensacional descubrimiento de la cinematografía italiana, todos estaban de acuerdo, directores, productores, agentes publicitarios, ¿no recuerdan aquel anuncio de colonia para el hombre... hombre? Los marineros napolitanos cargaban las neveras con hielos para el martini bianco del mediodía, que tanto invita a vivir, maniobraban para el desatraque, izaban velas blanquiazules. El yate rompía las aguas verdes, esmeraldas, quietas, casi sólidas, y Mariella Cassola, a popa, extendía una toalla para el baño de sol, se ponía crema en los muslos, en la cara, en los hombros, ¿quién la ayudaba?, un poquito por la espalda. Antes de elevarse del mar calmó la brisa, impregnaba el aire el aroma seco de los pinos todavía bajo el esplendor del verano. ¿No fue aquella la foto que inició su carrera? Después vinieron los catálogos del Lamborghini TX 2000, ella sobre el capó rojo, como una fruta apetitosa, después las invitaciones, los halagos, las pruebas, las fiestas, las cenas en Via Veneto, las entrevistas, los zascandileos en el picadero romano de actrices y meritorias, los ensayos con Varessi para retocar aquel dengue pavisoso ante la cámara, la chica se asustaba con los focos, se ponía nerviosa, casi hacía pucheros, se le olvidaba el guión, la inexperiencia, la timidez, la vergüenza, tan difíciles de encontrar en el mercadillo de gentes del cine. Mariella necesitaba cuidados, atenciones, paciencia, un poco de confianza en sí misma, pero sin perder su candor, su frescura, su espontaneidad, en eso radicaba su encanto, *carina,* se lo decía Franco los fines de semana en Civitavecchia, sólo era cuestión de tiempo, que se dejase guiar, se lo decía él, en la mesa del restaurante, Mariella siempre pedía *tortellini alla panna,* le gustaban las fresas con nata, los dulces, los helados, y no engordaba, qué suerte. Era entonces como una potrilla arisca, con resabios salvajes, rebelde a la doma. ¿No ha bebido demasiado champán?, ¿por qué tiene ahora esa cara de sueño, por qué se ríe a destiempo? Franco y Merino siguen enfrascados en sus conversaciones sobre la tiranía de las empresas distribuidoras y la crisis del cine europeo. Vidal necesita acabar pronto el rodaje, se lo dice a Lola Miranda, está estresado, se tomará una semana de descanso en Tenerife, sin hacer nada, sólo dormir y tomar el sol. Domingo, sin darse cuenta, se atusa mecánicamente la perilla, algo entrecana, ¿no era un descuido, una desatención más hacia su papel, esa caracterización? Porque Sebastianillo de Céspedes era barbilampiño, los ojos vivos, el pelo castaño, como un niño grande cuando llegó a la Corte, ahora ya cincuentón y melancólico, cómo el tiempo amansa la mirada, surca una comisura en los labios, afloja los párpados. Han maltratado su rostro: vacío de expresión humana, aquilatado al tópico del bufón, ¡qué no habían hecho con su historia, reducida a cuatro figuraciones de relleno, desentrañada de íntimos pesares, recogidos deseos, apasionados gozos y tormentos! El cine ha sido injusto con él, con todos los enanos, hoy lo ve así, muy pesaroso. Guionistas sin escrúpulos los presentan siempre maduros y atrabiliarios, y no discurren más cómoda invención que hacerlos saltar en las lonas del circo Ringling, o, a lo más, disfrazarlos de Papá Noel en las sensibleras historias del padre Flanaggan. Todavía las enanas reciben peor trato. Son animalillos entontecidos, pajarracas pelonas, bigotudas, repulsivas, la boca necia, los ojos mudos, vueltos con descaro hacia la cámara. Enanas y enanos en chabolas, manicomios y caravanas de circo. Sobre un terreno enlodado, en un atardecer oscuro y gris, Raffaelo el payaso se emborracha y se le deshace la pintura de la cara: todo un chafarrinón increíble de mugre, colgajo y miseria truculenta con el que el director disimula o escamotea su impotencia. Contra esas falsedades se alza la quimera rebelde, el ensueño iluso, la fabulación poderosa del artista libre. ¿No lo fue don Sebastián de Céspedes? ¿Por qué fue ahorrando, reuniendo bienes, haciendo sus negocios? Para disponer en su casón de la Cava Baja de un mundo seguro de propiedades, el can, los criados, muebles, cuadros, ropas, su rincón en el patio donde el tiempo se remansaba y se le sometía dócil. Allí se dejaba llevar del recuerdo rebelde y constante de doña María Ana para sobrellevar con libertad el declinar de la vida. Domingo ya conoce ese juego de la invención y de la fuga, se evade de las conversaciones, la música ambiental le recuerda un viaje postrero, descorre las cortinas y la pantalla se ilumina, él es ahora el profesor Auchenbach que regresa en barca de la estación al hotel, la peste asola la ciudad, se ha despoblado la playa, no le importa morir en Venecia. Domingo tenía sus ofertas para productores arriesgados, guionistas sensibles, peluqueros aplicados, sastras con oficio, maquilladoras con arte. Así, ¿por qué no?, con rigor, con intuición de italianos, con meticulosidad de ingleses, podía lucir canotier blanco en el salón del Gran Hotel, para que la cámara mágica descubriera el agobio profundo del profesor Auchenbach, o afilado el rostro, decadente la mirada, finisecular el semblante, rojizas las barbas, extasiadas las maneras para añadir la pasión del solitario, la genialidad del artista, el cariz de aristócrata crápula, la maldición singular del maldito —noble, débil, delicado, deforme— entre los humos, los espejos, las copas, los terciopelos rojos, las músicas de la Mirliton hasta que fuera la hora de subir al landó con divinas y maniquíes que ilustran los catálogos de la «Vie Parisienne», tocotóc, tocotóc, tocotóc los caballos por los adoquinados nocturnos de París bajo las farolas y la música de fondo de los valses inolvidables que se saben los mugrientos *clochards* de la Seine, traqueteando hasta la puerta del Moulin Rouge donde el coro, una vez más, a oleadas de la música alegre baila el cancan, ese *délire de jambes,* esa *furie quin'a rien d'égal* porque *ses bras ont le vertige, ses jambes son folles,* y sus gargantas chillan el indecente, excitante *cahot,* que el conde de lejos disfruta antes de pasar al camerino de la Goulue que se despoja de sus plumas, sus velos, sus pulseras, sus volantes, sus estolas, sus ligueros y medias, su corsé y su crinolina que opulenta las caderas, mientras Domingo Sebastián de Céspedes Toulouse Lautrec traza sobre papeles perfiles evasivos, insinuadas turgencias, efímeros gestos de olvido, nucas y moños, altos cuellos de garza, naricitas respingonas, ojos grandes y negros, puntillas, faldones, largas piernas en alto. El siglo se acaba, la noche se acaba, el consuelo se acaba en una copa de champán, se acaba con regalo a madame la Goulue de sus dineros nobiliarios, para liberarla de las rodillas de los comerciantes sebosos de Lyón, sus sensiblerías de *cocotte,* sus hipitos putañeros, los canapés gastados de los turbios burdeles, la miserable condición de los que rebullen antes del amanecer, por las calles con cagajón de caballo, carros de trapero y primeros olores a gasolina de auto. Qué siglo más largo aquel recién cancelado, como un insomnio arrojado al amanecer húmedo de un bulevar. Un siglo que no había concluido ninguno de sus empeños. Pero la vida es detallada y sucesiva. La Goulue se redimió, para ejemplar escarmiento de la historia, por la displicente generosidad del conde pintor. Todos los artistas son desprendidos y soñadores. Yo la pinté, recordaba Domingo en sus imaginarias visiones, contra los altos ventanales de luz. Yo tracé con emoción convulsa la silueta de aquel cuerpo de hielo, disonante su palidez desnuda con el manchón carmín de labios y mejillas, rosadas aréolas de senos, oscuro musgo inguinal, negros crespones de lazos y ligueros, perfume de violetas, frío deseo. Yo la pinté en octubre con pasión de sueño febril y fugaz. Extenuado por la tarea, mis manos que habían alcanzado la dicha del color, abandonaban los pinceles, luego cubría con un paño el lienzo y el caballete, después, mientras ella se vestía canturreando tras un biombo, le dejaba con secreto desinterés unos billetes en su monedero. Los castaños amarilleaban en los bosques húmedos. Luego me servía una copa de burdeos maduro y destacaba a contraluz el hechizo del cristal tallado. Con esa blanda distracción con que acaba su tarea el pintor más iluso o el actor más convencido, igual que el abandono posterior al amor, entonces se recrudecía el conocimiento del destino fiel. Ya me sentía solo. ¿Por eso era pintor: porque el arte olvida la soledad, esa brisa constante? Las rancias y exquisitas formalidades aristocráticas volvían maniáticos los cuidados movimientos: encender un cigarrillo egipcio en la boquilla, acercar la copa a los labios, hundirse en un silencio vagamente triste y sin burbujas. La joven bailarina taconeaba con coqueteo de oficio, se ceñía el *foulard,* se despedía con insistentes amabilidades, desoídas por el conde ensimismado. Quizás aquella muchacha de labios afortunados fuera hacendosilla, taimada y tenaz, y alcanzara la dicha aburrida de casarse respetablemente con un apocado abogadillo de Reims. *Tempus fugit.* Aquel inmenso palacio, las altas cristaleras que miran al jardín, la vasta fronda del arbolado eran una jaula sin rejas para un hombrecillo pequeño, pelirrojo, de barbilla afilada, soñador y vagamente desgraciado. Pero de sus manitas rebeldes, en dibujos y óleos, brotaba la efímera pasión por lo instantáneo, trazos de belleza azul y enajenada. Perdidos el motivo y el modelo, sólo ahora lo pintado era auténtico. La realidad, en cambio, ni merecía crédito alguno, ni entusiasmo, ni compasión. No fue, pues, por lástima cómo la bailarina, gracias a su discreción lejana, esquivó un destino común de esquinera fondona en Pigalle, ella que paseó la moda en los catálogos satinados, provocó súbitos deseos en las suites más lujosas, hizo mamolas a los petroleros tejanos en los reservados del Moulin Rouge. Ella guió la manita de Domingo Gálvez para fijar la gracia de lo efímero, el esplendor de lo fútil, la abrasada belleza de lo fugitivo, la rebeldía sin recompensas de aquel conde jorobadillo, bebedor y señorial. Sí, el conde de Toulouse Lautrec era uno de sus personajes favoritos.

Cualquier época crepuscular le gustaba a Domingo. En sueños vivos había interpretado muchas veces a personajes solitarios que ocultaban un coraje a contracorriente, aunque amargo. Maleados por un infortunio irremediable, reaccionaban sin embargo alumbrando hacia afuera un débil desdén. Pero ahora, igual que en el decepcionante momento de arrancar del rostro la ficción de la máscara, volvía el desencanto. Aquella pasión suya por iluminar lo inexistente... Estas manos que se prestaban para otras manos... Como las manos de Sebastianillo. Lucía su anillón rubí en el dedo. Y reverberaba en él la rebeldía de las quimeras más intensas. Pero era como un niño pequeño sentado a la mesa de los mayores. Jugaba a ser otro. Se distraía. No le hacían caso. Merino se atusaba el bigote, peroraba sobre los arriesgados propósitos de la directora general. Vidal Solana estaba a gusto, como siempre. Su docilidad fue siempre su gran virtud. Gracias a ella adquirió versatilidad y formas funcionales, una culturilla para andar por casa y un sentido acomodaticio que hacía grata su presencia alegre, su voz experta, los modales de escaparate. Había pasado una mala racha: la moda de cine periodístico había relegado su figura; periodistas mal hablados, abogadillos laboralistas y profesores ex revolucionarios exigían caras vulgares, atuendos desgalichados, grisuras cotidianas, y un sopicaldo frío donde chapoteaban conciencias dolidas: tiempos perdidos, libertades halladas con retraso, infidelidades conyugales fastidiosas, y tacos, prisas, cháchara, refunfuño y mueca. Mucho callejeo, saludo, despedida y portazo. Un cine calcetero, con mucho mensaje revisionista. ¿De qué servían ahora los ojos marinos de Vidal Solana, su simpatía de tuno en la casa de la Troya, su brava voz de bucanero, su apostura heroica de Campeador, la pasión española de sus labios enamorados? Desahuciado por el calendario para galán de jovencitas, aún se requería su nombre en los carteles, pero como reclamo de zafias películas eróticas. Y en el espejo examinaba por las mañanas el tamaño de las grietas de los párpados, las primeras canas delatoras y el mal sabor de boca de una suerte que venía al sesgo. Extremó entonces la publicidad de sus amoríos en las revistas escandalosas, anunció latas de bonito del Norte y aceptó la presidencia en los jurados de mises, pero un día dio a conocer su decisión de interpretar papeles dramáticos con la humildad de un principiante.

Fue una sorpresa hasta para los críticos más intransigentes: no sólo parecía dominar los trucos de escuela, sino que nadie podía suponerle que hasta entonces había sido vaquero en Almería, galán relamido de tonadilleras, conquistador de México y padre risueño en Valladolid agobiado por la pérdida de uno de sus hijos en Nochebuena, aunque felizmente hallado tras un concurso de radio. Así mil papeles tan distintos a estos que interpretaba en los escenarios. De este modo volvió a recobrar esa confianza que tanto lo congraciaba con compañeros y público. Otra vez hábil y acomodaticio se amoldaba delante y detrás de las cámaras a la situación, sin suponer que los movimientos de la realidad fueran más injustos que los fingidos. Careció siempre de comprensión previa del personaje. Para él actuar era como vivir sin memoria. Sólo después, montada la película con el orden causal de los hechos y el rigor implacable del tiempo, cobraban sentido todos los momentos caóticos vividos en el rodaje, con un orden tan imprevisible. Así que no tenía idea de quién era aquel rey Felipe IV, aunque en tan dilatado reinado corrió cañas en la Plaza Mayor con bríos de gran caballista, y en la balconada de aquel recinto presidió chamusquinas apestosas de reos de la Inquisición, fue entretenido por bufones y poetas, posó para pintores, despachó con sus privados —que no cesaban de traerle desventuradas noticias—, casó con dos reinas, sufrió la desdichada muerte de sus herederos legítimos, despachó con embajadores, cardenales, virreyes y junteros, y reinó sobre medio mundo. Pero también embelleció aquel poblachón manchego de Madrid, amó a mozas de sonsaque, confesó con lacerado remordimiento sus pecados a horas imprevistas, creyó en patrañas milagreras, reventó alazanes en las costaneras del Pardo, se atribuló con los muchos infortunios de aquel siglo, padeció gota desde antes de los cuarenta, sonrió siempre con campechanía a la canalla piojosa que lo vitoreaba en la carrera de San Jerónimo y, en fin, murió cristiano, desconcertado y temeroso dejando tras sí un imperio a pique, un avispero en la Corte y un heredero imbécil. Durante siete noches de lunes Vidal Solana interpretaría en el televisor al augusto monarca. Su voz componía el timbre perfecto de un rey que mostraba gravedad en las ceremonias áulicas, bríos en las cabalgadas por el Retiro, apocamiento ante el confesor y chulería con las pelanduscas de Atocha. Fue un monarca absoluto y pusilánime, místico y putañero, voluble como su siglo. Su mirada de pajarraco se aniñaba temerosa ante el validos, que siempre le traía noticias catastróficas, pero en seguida reía con las cucamonas del bufón y se licuaba rijosa al acariciar el hermoso cuerpo de la Calderona, un cuerpo de nieve, tendido entre las sábanas como un río interminable. Durante siete lunes Vidal Solana se iría haciendo un poco más de todos. Estaba en las portadas de las revistas, platicaba por la radio a media mañana, contaba sus cosas en las tertulias de la televisión. Se diría que había sido hasta entonces un acto desaprovechado. La notoriedad alcanzaba también a los actores que celebraron en el parador de Sigüenza el cumpleaños de Domingo Gálvez: la Cassola, Alicia Paramio, que interpretó con sequedad soberana a doña Isabel de Borbón, primera esposa de Felipe IV, Pepe Riera, que encarnó con oficio al conde-duque de Olivares, y Sara Soto, que prestó delicadeza y trasfondo de enigma a la reina doña María Ana, y otros muchos figurantes, desde enanos a cardenales. Entre tanto, en las páginas eruditas se desataba de nuevo una disputa de gallinero sobre la esencia histórica de España, la opresión cruel del centralismo castellano y el esplendor miserable de aquel imperio en ruinas.

Brindaban ya por el éxito de la serie, tan emocionados: se acababa el rodaje, llegaban las despedidas. Vidal Solana levantó la copa para el brindis, pero apenas bebió, el champán le daba dolor de cabeza, prefería el whisky. Además, había que madrugar para estar delante de las cámaras. Lola Miranda lo comprendía. Lola entiende a todos cuando le hacen confidencias, aunque pocas veces la comprenden a ella, no sabe cómo decirlo.

La Cassola se pone pesadita, dispara migas de pan, se enfurruña, se ríe con más ganas que nadie. Vidal Solana le dedica atenciones de compañero, le ofrece miramientos de galán y le insinúa alardes de gallo. El periodista les acompaña desde el martes, compartiendo con todos las madrugadas de trabajo, las charlas de sobremesa, el aburrimiento de las tardes, las libaciones nocturnas. Prepara un reportaje, con gran alarde de fotos, para el suplemento dominical, y será leído en los parques y cafeterías después de misa, en los salones en penumbra de la tarde, en los aviones rumbo a Frankfurt: un público diferente al de las revistas del corazón. Vidal Solana está por eso pendiente de la conversación de Merino con Varessi, y más por su sentido de la conveniencia que por táctica interesada, pero hay que quedar bien. Merino pregunta si desde la experiencia de un director extranjero se enjuiciará mejor la vida española, ¿es necesario un distanciamiento?, *¡certo!, ¡certo!*, él piensa que sí, pero sin renunciar a la pasión, porque Varessi no es un bárbaro del norte, sino un mediterráneo como los españoles, abre los brazos, *¿non e vero?*, se mesa las barbas capuchinas, discursea retórico. Sara Soto piensa en otra cosa, su mirada se escapa a veces hacia la ventana, se encuentra con la de Domingo, le sonríe como con un mohín de complicidad. Domingo Gálvez tose, se ahoga, es por la bocanada de humo del cigarro, Sara ya no le mira, pero el sigue tosiendo, la manita cincuentona se golpea contra el pecho. Ahora mismo le falta seguridad, la garganta seca, la nostalgia del cumpleaños como una niebla en la cabeza, tiene miedo, no podría demostrar que es un artista, que no lo miren, sería incapaz de sostener en pantalla una escena de siete minutos, sin un corte, como Monty Cliff en *Los juicios de Nuremberg*, para mostrar para siempre en la historia de la interpretación el grave desgarro —tormento, burla, odio, serenidad, pasión viva— de un primer bufón en la Corte de Felipe IV, en lucha con la imperial presencia, en competencia con los nobles demacrados y recelosos, en disputa de celos con la bella Calderona, amante real, cómica que en el corral de la Pacheca se disfraza por las tardes de Fernando, noble caballero, de Gonzalo de Calatrava, maestre, de Ganimedes, rico comerciante genovés, de don Diego de la Montaña, lindo petimetre. Descubre en la última jornada sus engaños, con palabras de embeleso, requiebros y piropos: amor es fuego, es llama, es río ardiente, recato es virtud, soles los ojos, perlas los dientes, claveles los labios, cascada de oros la melena que se libera sobre los hombros, al natural ya, sin engaños, su hermosa condición, triunfante el dios del amor para fiesta y contento de mosqueteros bravucones, mujeres chillonas, clérigos vividores, alguaciles fulleros, menestrales sufridos y pícaros ociosos, toda esa canalla que puebla los corrales de Madrid. Porque esas comedias disparatadas atraen mucho público. Al vulgo le gustan los embelecos de la trama, el embuste de las situaciones, el atropello de muchos lances, tanto como el arte de los cómicos, la picardía de las actrices, la chispa de las jácaras y el señuelo de los ropajes. En fin, la ilusión de aquel escaparate que brinda lo que ni en casas ni en calles ni plazas se ve nunca. Además, todos los finales de la comedia son felices y los ánimos están gozosos. Así, la villana pobre acaba en rica señora, y una cómica en favorita del Rey, holgándose entre sus sábanas. Lances de honor son lances de amor, y las fatigas acaban en dichas. Pues la ficción todo lo muda y mezcla, y tiene otras leyes, tan distintas al albedrío común de los mortales. ¿No acudían los más a ver a la Calderona porque se disfrazaba de hombre, empuñaba el acero, juraba como un villano, simulaba la voz, domeñaba sus sentimientos femeninos y salía a las tablas con botas de caña, calzas ajustadas a la pierna, que no parecían sino otra piel, jubón ceñido, airón de mosquetero, y toda su hermosa figura insinuaba su condición disfrazada, caderas, pechos, cara, movimientos equívocos? Y así conseguía aplausos y vítores y fervor unánime. Pues con ella, que tantos pensamientos de amor inspiraba a los fogosos mosqueteros de las primeras bancadas, el arte es rebeldía, alivio de sueños.

¡Siete minutos de cámara para él solo! Domingo Gálvez soñaba con un primer plano de siete minutos, como Monty Cliff, en aquella película, siete minutos en pantalla para resumir el arrebatado sentimiento de Sebastianillo de Céspedes, hombrecillo enamorado y cincuentón. El amor iluso por la Reina fue para él como la mariposa que tiembla en el aceite del candil, el ciego moscardón que golpea contra el vidrio del ventanal. Cincuenta años: toda una vida, a las puertas de la vejez, en un siglo insensato en que convivían como en ninguna otra edad el lujo y la mugre, la quimera y el desengaño. Para medrar en Palacio, ¿cuántos actos de servicio y discreción, de recados y gracias, de simulaciones y disputas precisa realizar un enano? El trabajo más riguroso es tener que ahogar las tristezas a solas, como poeta despechado, por la obligación de los hombres de placer de mostrar siempre contento y diligencia. Don Sebastián de Céspedes podía mirar el mundo como un virrey, aconchado en su casa de la Cava Baja. Su casa era Eldorado, con abrigos, muebles ricos, criados y un fresno en el jardín para dar sombra a sus sueños. Y el Alcázar era Amazonía, jungla y selva, con fieras donde el mico salta, el ave glaya, el leopardo ataca y la hormiga más pequeña muerde. Pero, a la vez, ¿no era la vida cortesana comedia de enredo y espejo donde se reflejan los sueños? Porque allí la verdad se afeita y engalana con mil disfraces. ¿Se despuebla Castilla? ¿Enferma la Andalucía con peste negra? ¿No pagan impuestos los catalanes? Vámonos al Pardo, a domar veloces corceles. ¿Huyen nuestros soldados en Borgoña? ¿Están vacíos los silos, escasea el aceite? ¿Tiritan de frío y bostezan de hambre los súbditos? Engalanen las carrozas, organicen la fiesta, vámonos al Retiro. Hay que entretener tan regias preocupaciones. Que mañana hagan informes los covachuelistas, opinen los consejeros, recen los clérigos, cumplan su oficio los inquisidores, arrimaremos todos el hombro, que la nave se va a pique. ¿Cabe menos sentimiento en un enano que en un duque? ¿Alberga menores deseos un bufón que un rey? ¿Quién lo asegura? Florido farandul es el bufón, siempre ocioso y feliz, pero a solas, con cincuenta años, ¿a quién rinde cuentas, sino al recuerdo y a la melancolía? Graves son las obligaciones del monarca, pero livianos son sus caprichos. Delicado es el juego de servicios que ha de prestar el hombre de placer si quiere mirar por su porvenir. Domingo vio aquellas dos escenas decisivas para su película inventada, una con el aparato espectacular de un buen momento narrativo, otra con sutil juego de intimidades dramáticas. Pues fue el día que Olivares perdió su privanza. Hacía sólo siete que Sebastianillo vivía y medraba en la Corte. Era enero, a veintitrés, y la mañana cruda, con brumas sobre el Manzanares y escarcha en los tejados. Desde muy pronto, a la puerta de la Priora, se había congregado gran multitud, que no quería perderse el festín, como moscas que acuden al desolladero. Don Gaspar despachaba papeles con esa ansiedad cruel que ejerció tantos años, como araña que teje todos sus hilos sobre vidas y haciendas del reino. Estaba en su gabinete particular en la torre Dorada, que da a poniente, sobre el río, a la Casa de Campo a la sierra. Entró su sobrino, don Luis de Haro, con el semblante harto descompuesto.

—Tío —dijo; y le enseñó la real cédula.

El conde-duque la leyó sin aparentar contrariedad. Miró hacia la ventana, la luz fría y agria. Nada dijo. Apenas puede alzarse del sillón, pues se ve privado de movimientos por el peso de su corpachón y el dolor de gota. Tiene siempre las piernas hinchadas y no da dos pasos sin muletas. Don Luis de Haro lo sostiene. Dignos los modales y severo el semblante, Olivares hace memoria de tantos años de privanza, de reclinatorio y asiento de un monarca débil. Todo el peso de la gobernación y los cuidados de mil suertes adversas recayeron sobre sus espaldas, hasta acabar culpado por todos, pueblo y nobleza. ¿Tres años seguidos de seca, otros tres de diluvios? Olivares culpable. ¿Iluminados y herejes entre las monjas de Pastrana?

Olivares incitador. ¿El sanedrín de judíos adueñándose de todos los negocios de España? Olivares cómplice. Veintitantos años socorriendo a su Rey en sus afectos, compartiendo responsabilidades, entreteniendo sus placeres. Más los años que habría que añadir de preceptor, siendo don Felipe niño. Repasa la estancia: pocos papeles hay que recoger, que ya estaba prevista tan amarga suerte. Muchos documentos y legajos fueron trasladados el martes a su casa de Herrera. Se va con liviano equipaje. En esto llega la silla, lo suben y lo conducen por corredores. Se detiene en la galería donde el Rey tiene sus aposentos, salas, capilla y cámaras —donde duerme, escucha, firma y despacha—. Tarda en recibir audiencia, sin que ninguno de los acompañantes diga nada. Por fin, un gentilhombre se llega y dice con voz prevenida: «Excelencia, Su Majestad aguarda.»

Don Gaspar de Guzmán se alza sobre las muletas y todo cojo y torne entra en la cámara. El Rey, en pie, medio de lado, escabulle el cuerpo y la mirada.

—Majestad —dice el conde-duque, con la voz tomada—. Contad siempre con mi lealtad y amor.

Don Felipe parece más amarillento de tez. Sus modales desmayados, tan impropios del decoro debido a su estado, delatan su ánimo confuso y atormentado. Nada dice. Su grave silencio denuncia la quiebra de tan prolongada relación. El conde-duque, al fin, se adelanta para el besamanos. Se llega al trono con pasos cortos y dolorosos, hace intento de venia, inclina el cuerpo fornido, pero entonces el Monarca lo endereza como abrazándole, aunque con la mirada huidiza, y lo deja irse. Don Gaspar desanda el camino con certera desgracia, quién sabe si entristecido o con el pecho rebosante de amarga ira, y ya va a cerrar tras sí la puerta cuando Su Majestad lo alcanza y lo para, se retira del dedo un grueso anillo y se lo entrega.

—Era preciso —balbuce el Rey, y se vuelve presto.

La puerta se cerró con golpe recio. Sí, era preciso prescindir de los servicios de quien había sido favorito durante casi veinte años. Su Majestad hubiera querido completar la excusa: «razón de Estado». Santas palabras, las mismas que tantas veces el propio Valido prodigó. Pero, ¿y la gratitud? El conde-duque se acomoda en la silla de manos, lo alzan y siguen con él por la galería, luego bajan por una escalera secreta, para burlar a la multitud que aguarda en la puerta de la Priora en derredor de la carroza. El séquito es reducido: el conde de Grajal, el secretario don Francisco de Rioja, poeta constante de la belleza efímera de las rosas, y don Luis de Haro, el sobrino. Sin ser visto de nadie, por puerta falsa, Olivares abandonó para siempre el Palacio. Nada dijo, ni un suspiro, camino de su casa, en la calle de la Cruzada.

La escena siguiente muestra el grave pesar del Rey. No ha comido, ha postergado audiencias, ha pretendido entretenerse con unos naipes. Fue en vano. Su paciencia era poca y las horas se le hacían eternas. Ha probado unos vinos que le acongojaron más el estómago y en vez de reanimarse le dieron tristura. Llamó a los bufones. Juana *la Pandorga* y el viejo don Juan de Austria improvisaron un aria napolitana, pero don Felipe se volvió más mustio y taciturno. «¡Fuera, fuera!», gritó de pronto, y los arrojó de la sala. Pensó salirse al campo, montar a caballo, matar dos corzos, pero al punto le entró desgana. ¿Está enfermo? ¿Qué lo podrá entretener? Luego entra en la estancia María Calderona. Siente susto: qué le pasa a su Rey. Él remolonea. Ella lo abraza, lo acaricia: «¿dónde está el daño? ¿Aquí, aquí, aquí?». Con tientos dulces le palpa la frente, el pecho del lado del corazón, otras partes de su cuerpo blando. Lo arrulla con mimo, y él se alivia.

Han pasado ya dos horas del mediodía y pronto el sol tibio saltará de las puertas a los balcones, y de los balcones a las torres y subirá rápida la noche de enero bajo el cielo frío. Es esta una hora queda para los sentidos, y propicia para el amor. María Calderona arrulla a su Rey, ella es su amiga, ¿cierto que sí?, ella no le abandonará nunca, nunca. Una a una le va quitando las ropas. Todo eso escucha y ve don Sebastián de Céspedes desde un rincón, inquieto de sofocos. Pues por real capricho o privilegio ha permanecido todo el día a la vera del Rey, aunque sin ser requerido para nada, testigo de todo. María Calderona le había hecho un guiño al entrar, pero ahora ambos amantes olvidan. ¿Por qué no reparaban en él? ¿Acaso lo creían jarrón o mueble, que nada puede sentir? Queden así, inacabadas las cosas, que cuando se inician los escarceos y juegos de amor, la cámara huya con recato y malicia y se hurte en la pantalla lo que la imaginación alumbra, pues en las artes de representación la realidad que despierte atisbos sublimes no ha de mostrarse monda y desnuda, sino en sus trazas y sugerencias. La fantasía debe contribuir al deleite de los sentidos. Así que nuestra mirada se eleva lenta del lecho y se desvía hacia el ventanal, a contraluz. La tarde cae limpia y fría en el parque, color del membrillo. En el silencio, solo, acaso, música perdida y esos suspiros suaves, ¿son quedos jadeos de amor?, ¿susurros que suenan? Porque toda la pantalla es aire quieto, colada de oro desvaído, penumbra tibia. Sigue luego la cámara despacioso recorrido por el paño de la pared mostrando un cuadro de caza, un tapiz pagano, una consola color cereza, y desciende hasta encontrar el rostro del hombrecillo. Ahí, ahora, ¡su cara!: primer plano, Domingo Gálvez, transfigurado, nos contempla. Esa mueca dañina de labios nos inquieta, sus ojillos duros acusan, las aletas de su nariz oliscan un olor excitante: así expresa Sebastianillo la depravada indiferencia que le mereció la desventura de Olivares y el desamparo del Rey. Ellos, que fueron para todos los súbditos temida fatalidad, se enredaron en sus flecos y rodó por tierra tan dilatado compadreo familiar: Olivares fue como padre y hermano mayor, confesor y rufián de esquinera. Sea de ellos, pues, y toda entera, la suerte taimada, suyos los quebrantos. ¿Debe el criado sufrir con su amo, el bufón con su Rey? ¿Acaso los poderosos comparten sus goces y hartazgos? El Monarca es vástago, la corte panal, los artistas enjambre arracimado en torno para segregar consuelo, donaire, dulces susurros. ¿Está triste el monarca? Vengan músicos, poetas, danzarines, enanos que digan chistes, den saltos, hagan gorgoritos. Pero Sebastianillo ya sabe que el corazón no debe pignorarse con quien le paga o le sirve. El corazón debe ser en parte descreído, para gozar de alguna libertad. Y para sufrir menos. Y para engañarse con quimeras: esa salsa de la vida, que es manjar desabrido o en salmuera, rara vez a punto. Una cosa es el oficio y otra el querer. Así que cuando la cámara prende el rostro de Domingo Gálvez, vemos su mirada de rabia desperdiciada, su trémula impotencia de labios, su herida vergüenza de animalillo deforme. Desde ese rincón del aposento reclama comprensión de siglos. Es ahora como lebrel olvidado que se desentumece: ya cesan los jadeos, ya se alza. Va a un extremo de la sala, toma una palangana, vierte agua de un lebrillo, encuentra una toalla, todo lo dispone para las abluciones de los amantes. Su mirada animal y mansa va hacia el otro cabo de la estancia, siguiéndola llegamos al cuerpo de Su Majestad, que yace triste, blando de carnes, azafranado el vello, como pájaro grande y mojado, varado en un playón de sábanas, naufragando en ese lecho con quietud de camarote de barco. Y sin detenerse apenas la cámara desciende al suelo y muestra por instantes los desnudos, delicados pies de María Calderona, que se van, y sobre la alfombra mullida un burujo de ropas finas, corpiños, basquiñas, medias: quieta la imagen, que a poco se hace borrosa, se difumina. Se acabó la escena de amor.

Durante las semanas de rodaje los actores se transforman. Les afloran inquietudes desconocidas, se sorprenden con comportamientos imprevistos. ¡Manías de divos, caprichos de famosos!, dicen maquilladoras y porteros. Pero no. El actor comienza por sentir ansiedad azogada, como miedo al examen en blanco. Lo atribuye a su lucha con el personaje que representa, la fatiga del trabajo, el desquicio de las madrugadas, las exigencias veleidosas del director. Entonces charla mucho, fuma mucho, bebe mucho y de noche necesita un somnífero. Luego descubre con extremosidad de adolescente que sus compañeros no son lo que creía. Esa contrariedad desata amagos de celos, envidia vergonzosa, rivalidad de hermano pequeño, súbito amor o desprecio. Todos reconocen la opresión del espacio, la estrechez de tribu desplazada, la confusión de hormiguero destrozado. Se hacen nuevas alianzas y se reanudan amistades y amoríos de tránsito. La vida para cada uno comienza a carecer de pasado firme y se vive al instante, como vadeando un río. En los días finales de rodaje, después de ocho semanas de intermitentes encuentros y separaciones, los actores forman una gran familia. La despedida, como en las obras con truco, se prepara con efectos eficaces. Y hoy Domingo les invita a todos porque es su cumpleaños, pide al camarero soriano dos nuevas botellas de brut catalán, Pere Ferrer le felicita. Pere Ferrer es el ayudante de cámara, y acaba de contarle a Lola Miranda que sus niñas cogieron unas paratíficas en Cullera el pasado verano, pobrecitas, dice Lola. Domingo regresa del cine —él solo entre las mil butacas viendo a Sebastianillo en la pantalla morderse el labio, malicioso, ¿es porque guarda un alto secreto de amor?—, regresa de sus fantasías por el estampido del descorche que agita la alegría de Mariella Cassola, su *cuore fa così,* también, ¡pum!, repite, ¡pum!, levantando las manos, aplaudiendo, Vidal Solana se ríe, el corazón, ¿eh?, espumoso, *anche, cara, ¿non é vero?,* le dice en su italiano aprendido en los rodajes de los *spaghetti-western* de Almería, ¡pum!, dice ella, sí, sí, *spumosso,* la melena al aire, la boca entreabierta, la copa adelantada, para que se la llene la primera. Franco Varessi sostiene con movimientos de manos poderosos argumentos, opiniones taxativas sobre el cine francés, a medio camino entre Goethes y Lorcas, sin nada grandioso de ninguno, fatuo, pedante, chauvinista, trivial, con lo peor de los nórdicos y lo peor de los mediterráneos, siempre con el pujo del rigor, el cartesianismo mental, la formalidad metódica, *ma senza clasicismi, capisci?* El cine francés, demasiado intelectual, reseca la sensibilidad latina. Merino ha escuchado con atención, reteniendo algunas disquisiciones para su reportaje, aunque sus manos han estado entretenidas en liar un cigarrillo de hachís. Lo prende, da una profunda bocanada y se lo pasa a Sara Soto, para que avance por los umbrales de un territorio beatífico. Domingo muestra el cansancio de los espectadores de noche al encenderse las luces, acabada la película, mientras baja el telón, y los acomodadores recorren las filas de butacas levantando asientos. ¿Qué hace allí, solo, bajo las luces indirectas y frías, a una hora inútil? No hay nadie en la sala, y aborrece salir a la calle con un secreto tan grande. Hoy ha cumplido cincuenta y un años. Él que tiene un secreto está solo. Ahora brindan, salud, *salute,* chin chin. Mariella Cassola tiene un corazón espumoso, Domingo un corazón de corcho, flotante y liviano y a la deriva. ¿Qué puede hacer, sino llenar el tiempo con el tiempo de los demás, las palabras propias con las palabras ajenas, y sus sueños con los de don Sebastián de Céspedes, y ponerlo todo en el puchero donde hierve la camaradería de las gentes del cine, en prolongada cocedura? La noche es fuego lento, la marmita borbolla, Franco arroja al puchero huesos sustanciosos de teoría, Mariella salsas, sales de risa, Vidal Solana carnosos compangos, Sara Soto vegetales guarniciones. Merino contempla la velada con esquemas de periodista sabedor de múltiples convencionalidades y recetas. Lola se siente cansada y propone irse a la cama. El Parador de Sigüenza es un viejo fogón en una cocina destartalada y vacía entre cárcavas inhóspitas y cacharrería medieval, calles pendientes, aleros nobles, portales blasonados, catedral en penumbra capaz de albergar a todos los habitantes a cincuenta kilómetros a la redonda, noches inacabables y apagadas, águilas culebreras y roquedos fríos, matorrales chaparros, esteparios territorios. El corazón de Mariella es espumoso, el corazón de Domingo es *piccolo, piccolo* como un corcho.

—Pero *molto bravo* —dice Vidal Solana a Mariella—. Pequeño, como el de un pollo, pero bravísimo.

—¿De pollo tomatero o de capón? —dice Merino, satírico periodista, genio elevado—. De caponcillo de Villalba, tu tierra, Sara.

Es broma cruda y feroz, que Vidal Solana, incluso con su salero y humanidad, rechaza. Sara sonríe, ¿quizás dolida?, como una reina maltratada e indefensa, como la reina doña María Ana. Domingo mira a Merino con odio y rabia, aunque los enanos han de soportar dolorosas vejaciones, que nadie medra en Palacio sin pagar tributos. Don Sebastián de Céspedes lo sabe muy bien a la altura de sus cincuenta y un años. Pero replica, con endecasílabo barroco, haciendo aspavientos de juglar mohíno, desde su puesto de honor en la mesa.

—Pollo será, mas pollo enamorado.

Se ríe, lo felicitan, lo quieren. Bien, Dominguín, dice Vidal enviándole un abrazo efusivo, protector, condescendiente, como de padrino mafioso que recibe a un sobrino calabrés. Mariella no ha entendido nada y quiere saber, pregunta sacudiéndose la melena hacia atrás, basculando su cuerpo sobre la mesa, qué era, Vidal, tan gracioso. Ah, ya entiende, pollo *enamorato,* se ríe, ya a destiempo, con falsedad y aspavientillo insinuante, los labios besuqueando la copa. Pero insiste, para que todos le hagan caso, cuánto, cuánto pesa el *cuore* de Domingo.

—Mi Reina —dice, ceremonioso, Domingo. En la pausa se lleva las manos al pecho, hace muestras de sopesar un corazón inmenso y de hierro—. *Cara* mía, ocho kilos. Tanto como un mapa mundi.

El jodido de Domingo, qué alegre es. *Cin cin, allons, alla salute*. Eso piensan, y saben que la velada es muy feliz, que esa camaradería compensa las fatigas de un rodaje, que tendrán recuerdos inolvidables. Nada mejor para proyectar ensueños trascendentes que alargan la anécdota a categoría. Vidal arrastra a todos con su carcajada caudalosa, franca, dominante. El camarero dormita en un rincón, cerca de la puerta, en pie, como un asno. Franco Varessi se distancia de aquel bullebulle, abotargado y con desgana, reprochando a su potrilla aquella insolencia y desbarate de putilla de cantina. Caviloso, bebe con aplicación, quizás celoso, quizá molesto, quizá despectivo por aquella burda sobremesa que él podría trastocar en ceremonia, secuencia artística, distinta a todas: despreciaba las comilonas napolitanas de emigrantes vocingleros en torno a la *mamma* buchona, la campechanía vulgar de los Hooper que ponían sus zapatillas de deporte sobre la mesa del comedor de los Brideshead, comiéndose un bocadillo de salchichas bien chafarrinadas en *Ketchup,* la bandada de comadres y harpías entrando a saco en el palacio de los Cavalcantti Montefreddi para desmantelar los cortinajes, rapiñar las cómodas, hollar las cámaras, apenas apagados los ecos del baile anual ofrecido como desde hace cien años a súbditos distinguidos y autoridades comarcanas. Franco Varessi quería ser cronista de la España áulica, grandiosa y decadente, cronista de épocas doradas y ceremoniosas, en las que la vida fuera en exclusiva rigodón y chacona de ricos, hermosos y nobles, no sometidos a míseras y sucias menesterosidades, sino a enmarañadas pasiones de amor, celos, venganza y poder, pero nada a la americana, nada a la italianada neorrealista, nada de esperpento ibérico con palabrería, bullanga piojosa de mendigos extremeños apelotonados con mugre y búas de siglos en el caserón del cortijo, en medio de las tierras y alcornocales del señorito, para iniciar una santa cena hispánica con esa mirada de roña alpargatera y dureza de secano que hacía buchear nuestro mundo poblado de viridianas frígidas.

Franco Varessí, impasible y tripudo como un bonzo, apura la copa. Él será el responsable de que durante el montaje de la película se supriman muchas tomas del bufón. Sebastianillo sólo será un personaje de relleno, como un lebrel del Rey o como un loro que dice de vez en cuando alguna cuchufleta. Domingo Gálvez sabe que tendrá el protagonismo de una secuencia, ni siquiera unos planos melancólicos bajo el fresno del jardín, en su casa de la Cava, hoy que es cumpleaños. Merino apura la colilla de hachís con beatidud. La Mariella está impertinente y borracha. Lola, la secretaria de rodaje, recuerda que al día siguiente hay que madrugar: se debe rodar el regreso clandestino de don Felipe a Palacio, descamisado y pálido, abrazado a la Calderona, después de haber participado en un sarao escandaloso en el mesón del Segoviano. Salieron del comedor sin responder al saludo somnoliento del camarero. Vidal Solana bostezaba, pero sabía que necesitaría un *Válium* para conciliar el sueño. La Cassola daba traspiés y reía tontina. Uno a uno, fueron recogiendo en recepción la llave del cuarto y se separaron dándose las buenas noches. Domingo Gálvez tuvo que auparse de puntillas para que el conserje advirtiera su mano al borde del mostrador reclamándole la llave de la 116. Ese número le gustaba. Esta noche estaba muy suspicaz con los números. Varias veces se le había representado la imagen del reloj de la Puerta del Sol, cuando cae la bola al dar las horas en punto. Cincuenta y un años, ese sí que era un número feo, un número «peludo», hubiera dicho la reina María Ana. Domingo recorrió con pasitos zambos el pasillo alfombrado y tuvo tiempo de advertir que Sara y Merino entraban juntos en la misma habitación. El amor nunca es justo, pensó. Encontró el cuarto demasiado grande, como si fuera el salón de los Lampedusa, allí donde el príncipe contemplaba altivo y melancólico el fin de una época, la belleza marchita, la tristeza apasionada de la carne. Se acordó de Burt Lancaster, su actor preferido, bucanero arrogante dando estocadas, trapecista seguro en lo alto de un circo, capitán bajo el fuego enemigo, amante irresistible. Más de una vez había fabulado atrevidas transferencias entre Sebastianillo de Céspedes y el conde de Lampedusa, los dos testigos de una época irrepetible y de una edad crepuscular. Escenas paralelas: Burt Lancaster atisbando tras un visillo el oro del otoño siciliano, paseante melancólico en Palacio, entre cuadros viejos, arcones, alfombras silenciosas y olores que resumen toda una vida, obsesionado con el cuerpo frutal de aquella sobrina, ¿no era la Claudia Cardinale? Domingo Gálvez, solo en el jardincillo de su casa, con un jarro de vino en la mano, figurándose el cuerpo blanco y escurridizo de su reina, a la que había visto casi desnuda aquella mañana, cuando le regaló el vestido. Doblaban en las torres las campanas barrocas de Sicilia y Madrid. La cámara registra lenta la presencia de pequeñas cosas, se acerca a los ojos abiertos de aquel hombre que ha vivido mucho, se aleja de nuevo para recoger la luz de la tarde. En esas películas en las que un hombre en los umbrales de la vejez recuerda el placer y la belleza que tanto amó, es cuando se oye crepitar en la memoria la llamita temblorosa del deseo que nunca se extingue. El corazón sigue, dale que dale, es una vieja rueca que hila melancólicos pensamientos. Domingo Gálvez trepó a la cama, apagó la lamparilla de noche y se encogió entre las sábanas. Sabía que dos habitaciones más allá Sara Soto y Vidal Solana estarían besándose y abrazándose. Aún mantuvo un instante los ojos abiertos, el oído atento, sin captar nada en la noche. Un ligero resplandor verdoso del radioreloj de la mesita le permitió vislumbrar planos monstruosos de esquinas y techos. Cuando cerró los ojos, tuvo la impresión de que su cuarto era un camarote y el Parador de Sigüenza un barco vacío, a la deriva, en alta mar.

—No debieras hablar así, Domingo.

—La vejez es un estiaje. Un sueño profundo.

—Te gusta darte lástima, eso es todo. ¿Por qué no cuentas tus odios, tus celos, tus pasiones? Te sentirás más joven.

—¿Acaso vivimos pasiones? —dijo Domingo—. ¿Qué quieres que te diga? ¡Ah, Yago, mi fiel Yago, ya la sangre y la pasión vencen en mí al juicio! ¡Apártate, vil, adúltera! ¡Ojalá hubieras tenido tantas vidas como cabellos, para que mi venganza las hubiera devorado una por una!

—¿Ves? Qué actor, Domingo, me has dejado pasmado. Todavía tienes furia y fuerza. Pero lo dices con amargura.

—Las pasiones no son más que sueños fogosos. Mentiras de actores, embelesos de poetas, enredos de guionistas.

—¿No exageras? ¿No fue una pasión de amor lo que sentías por Sara? ¿Y don Sebastián de Céspedes?

—La pasión de sobrevivir.

—Ayer no decías eso.

—¿No?

—No. Recuerda, aquella pasión por la Reina.

—La pasión de sobrevivir, la pasión de amar. Quizá sean la misma. Y las únicas. La pasión del poder, de oprimir a otros, no es más que un instinto cruel.

—Pero los artistas sois diferentes. Lee los periódicos, las revistas, cada poco un amor, un romance. Se apasionan mucho.

¿No amabas con pasión a Sara? ¿No sentiste celos de aquel escritor? Lo llamabas Merino.

—Merino no era escritor. Era periodista.

—Es igual. Querías vengarte. Debes luchar por tus recuerdos. Y aquel enanito también se quería vengar, un día me lo dijiste. Estuvo celoso. No debes dejar apagarse la memoria.

—La memoria es como una pesadilla de viajero inseguro —dijo Domingo—. Ahora es como si fuera en tren, de noche, atravesando fronteras.

—¿Me vas a contar una película de misterio, de espías? Me gustan.

—He tenido suerte de encontrar asiento junto a la ventanilla.

—Es la ventana, fuera está la terraza, el jardín. No hay trenes, Domingo, lo sabes. Además, luego me riñen a mí. «Que Domingo no se suba al tren. Dile que no hay billetes, lo que sea. Ya sabes cómo se pone después de uno de esos viajes.»

—No me gusta dar la espalda a la locomotora. Así voy bien, en el sentido de la marcha.

—Aquí te pones peor. Luego no cenas, no puedes dormir. Vamos, ven.

—«¡Oh perfidia astuta! —recitó Domingo—. Me mandan volver. Retírate, Yago. Luego obedeceré al senado. Volveré a Venecia.»

—¿Ves como tienes buena memoria? ¿Esas frases eran de una película tuya? Pero eres terco, ¿es eso una estación o una terraza?

—¿Faltan tres minutos? En efecto, *monsieur*, esa butaca está vacía.

—Sé que lo haces de broma, estás actuando. ¿Por qué te levantas ahora?

—«Oídme una palabra más y luego os iréis. Decid que soy un desdichado, decid que mis ojos, que antes no lloraban, han destilado largo caudal de lágrimas, como rezuman bálsamo los árboles de Arabia. Decidlo así. Yo, con lágrimas en los ojos, voy a llevar a Venecia la relación de tan triste caso.»

—Está bien, Domingo, me sentaré junto a ti, pero no te excites.

—Aquí está mi billete.

Pero Domingo ya siente la pesadez del traqueteo monocorde, la tristeza de los arrabales mojados por las lluvias, los cielos plomizos y bajos de los campos belgas. Se adormila con la barbilla apoyada en el cuenco de la mano, ladeada la cabeza hacia la oreja de la butaca, ajeno a los murmullos del salón, en la penumbra tranquila de la tarde, cuando ya se han ido de la Residencia las últimas visitas. En los pasillos del Orient Express se oyen todas las lenguas. El departamento confortable, el destello de las maderas de caoba, las alfombras mullidas que silencian las pisadas, los grabados victorianos. El reloj ha ido perdiendo las horas, sin ansiedad. Fuera, en la noche, tal vez sean esos los campos de Alsacia-Lorena. Pronto se revelará la inquietud de la mañana fría, en una estación lluviosa, en un triste lugar irreconciliable. Pero ahora avisos indescifrables atemorizan los andenes. Luego vuelve el traqueteo prolongado, al vaivén estruendoso, pero súbito, de un cruce de vías. ¿Quién recorre ahora los pasillos con paso impreciso? Vienen a la memoria caras torvas, ademanes sospechosos, miradas huidizas entrecruzadas en el vagón restaurante entre lámparas de luz tibia, sobre manteles blancos, con una rosa fragante en un jarroncillo de cristal. Aquel doctor que acudía a un congreso de psiquiatría en Viena, ¿no era un agente secreto alemán? ¿A dónde huía aquel matrimonio judío que ocupaba el compartimiento paredaño? ¿Qué ocultaba aquella seca, distraída institutriz inglesa? Volvía en la noche el silencio, y por fin una liviana somnolencia, quizá imágenes de una bullanguera estación mediterránea, ¿Estambul?, junto al mar. Y así, ya dormido, con el libro abierto entre las manos, llegaba el sobresalto de unos aldabonazos, golpes de mano cuartelera en la puerta, órdenes policiacas que por segunda vez pedían revisar los pasaportes. Formulaban preguntas con aspereza de consonantes, escudriñan la foto, miran con recelo el equipaje del altillo, la valija del suelo, el abrigo de la percha. Contra toda costumbre puede que el tren circule con retraso. La prensa belga recogía con inquietud las informaciones sobre movimientos de tropas. ¿Son de soldados alemanes esos taconazos que se acercan por el pasillo y que con alivio se oyen pasar? Pegada la frente a la ventanilla, recorrida por gotas torcidas de lluvia, atisbando el campo negro, unas luces lejanas, el destello estruendoso de un tren que se cruza, una estación solitaria, de nombre ignoto, donde montan guardia dos soldados grises, con casco, botas, correajes, fusiles, y otra vez el traqueteo por el campo oscuro, los valles angostos. En el lecho, con placidez o desvelada inquietud, se aguarda la parada fronteriza. Cuando el tren se detiene con frenazo chirriante, suenan altavoces confusos, sonidos agrios, carillones de alerta, avisos de trenes hacia destinos imprevistos. Cuando golpean nudillos a la puerta —ahora inquietos, no bruscos—, ¿a quién se espera recibir? ¿Policías, aduaneros, sicarios apátridas?

—¡Vaya, Domingo! Te has despertado. Qué cabezadita.

—¿Dónde estoy? —dijo Domingo, con el sobresalto del que ha pasado de largo por la estación de destino, desorbitados los ojos, inquieto en el asiento.

—Anda, cálmate, soy yo.

—¿Era la gestapo? —alzándose, sin saber qué hacer, dándose por preso.

—¿No me conoces? Siéntate. Dónde vas a estar, aquí. Está oscureciendo, hoy es fiesta, pronto nos llamarán a cenar.

—Ya sé adónde iba el tren. Pero no tenía miedo a llegar, sólo al viaje.

—Te lo advertí. Esas fantasías te hacen daño. ¿Por qué no recuerdas tus años de artista? Tus años de circo, de torero cómico, de actor. Qué vida la tuya. Y ahora te niegas a recordarla.

—Viajaba en el Orient Express —dijo Domingo—. Al Sur. Le podía entrar una tristeza de portugués pobre. Y andaría con la cabeza gacha, y no dormiría, y molestaría al compañero de cuarto. Y esas manías de que estaba encerrado, deportado.

—Quieres darte lástima, eso es todo. ¿Estamos mal aquí?, junto a la ventana, te adormilas, tienes pesadillas, fantasías inconvenientes. Y sufres.

—Todos somos como locomotoras viejas —dijo Domingo—. Y esto es un hangar, un aparcamiento de chatarra. Así es la vejez.

—Tuviste una pesadilla. Viviste una película. Siempre me gustó tu afición por los viajes. De cirquero habrás visto muchas ciudades.

—Sí. Y caminos, arrabales, descampados —dijo Domingo con desgana.

—¿Cuántos países? ¿No has hecho películas en México? ¿Has trabajado en Hollywood? Cuéntame por orden, desde pequeño. Tus correrías.

Sebastianillo sufrió encierro hasta la edad de nueve años, sin salir a los umbrales de la casa, hasta que su hermanica se compadeció un día de verlo atado al mechinal del cuarto. Allí vivió enjaulado, como un conejo, lo más del tiempo a solas, con el oído despierto a toda clase de ruidos, libre sólo para alzarse a un poyo, gatear, tumbarse en su camita. Alguna vez lo habían sacado al corralito trasero, en tardes de sol, bajo una higuera, en la confianza de no ser descubierto. Entonces jugaba en el polvo con piedras y palos, hacía viajes tan lejos como daba la soga y era amigo de todas las gallinas. Arriba, cielos y nubes que pasan. Cierta vez estuvo a punto, encaramándose sobre leños y piedras, de trepar a una rama, por divisar más allá de las bardas del corral. Pero lo advirtieron a tiempo, y se quedó otra vez con el horizonte limitado. Cruzaban el aire milanos, otros pájaros se posaban en la copa y en el suelo los gorriones escarbaban las gallinazas. De los caminos llegaban voces, trote de animales, balidos, chirridos de carretas. El mundo era muy ancho. Y con todo eso, nunca quiso mal a sus padres, que si lo prendaron como una oveja a la estaca fue por evitarle escarnios y flagelaciones. Como así los hubo. Porque cuando su hermanica lo desató y lo sacó de casa, tuvo miedo, y más cuando corriéndose las voces del suceso por el lugar, se llegó un tropel de gentes a admirarlo, y los niños, que son crueles, lo tocaban y sopesaban, y le daban trato de perro. Llegaron de la era los padres, lo metieron en casa y se vieron forzados a dar cuentas de aquel hijo enano. Los vecinos se hacían cruces y, entre reproches y excusas, hubo gran alboroto. ¿Pero no había muerto años atrás? Los padres, con pesadumbre, descubrieron el embuste de aquel entierro de hacía años, cuando simularon el luto y el desconsuelo por la muerte fingida de Sebastianillo. Habían tramado tan bien el engaño. Pues como se supo que Antón y Juana Céspedes habían perdido al niño, los lugareños acudieron a velarlo con la caridad de estos casos. Hicieron procesión al cementerio tras aquel ataúd chico, poco más que un cofrecillo, rellenado de tierra. Por consolar a los padres, les decían que ya contaban con un familiar en el cielo, un santico, un angelico, pues que había muerto tan niño, todavía inocente.

—Ved que pronto me hicieron perder la inocencia —decía don Sebastián a doña María Ana—. Mi Reina, cuidaros de mí, que soy truhán.

Y a don Felipe, que no se cansaba de escuchar el caso, le entretenía con otra bufonada:

—Majestad, mandad que me llamen Majestad, pues que de niño enterraron a Sebastián de Céspedes. Yo soy Sebastián segundo.

—¿Y sois Rey de Portugal? —decía Su Católica Majestad aflojando el labio rosa para el chascarrillo.

—Sebastián II, rey de Martinmuñoz —decía el enano con afectada gravedad de monarca.

Y otras veces, al padre Huertas, confesor del Rey, por escandalizarlo, le advertía: «Padre, soy espíritu resucitado. Mis huesecicos yacen en mi pueblo, entre grajos.»

Desde aquel día, gracias a su hermanica, Sebastianillo recobró la libertad. Hubiera sido en vano ocultarlo en casa o en el corral, pues niños y ociosos lo acongojaban desde el ventano, o escalaban las bardas para oxearlo con piedras y palos como a rabiosa alimaña. De modo que le cortaron la cuerda y el mundo, ancho y novedoso, se le ofreció a sus pies. Andaba a la flor del berro por el pueblo y aledaños, que era tanto como embarcar a las Américas. Su primera salida del lugar fue a Olmedo, a seis leguas de navegación, con ocasión de una feria de mulas. Fue con sus padres, que ya habían perdido vergüenza de mostrarlo. Tenía doce años, era ingenioso y despierto. Lo que de menguado tenía su talle lo compensaba con la mordacidad y largueza de la lengua. Muy poquito aire hace sonar mucho el órgano. Llegaron a Olmedo, fueron sus padres al mercado y se quedó solo admirando la ciudad, que conserva murallas de tiempos antiguos y muchas iglesias y palacios, todos de gran fábrica, para lo que hasta entonces había visto. En una iglesia le dieron un real, creyéndolo mendigo o descarriado, y en un mesón lo tomaron por juguete. Unos arrieros, que estaban contentos, le alzaron a una mesa y le hacían cuchufletas. A todos agradó. Como se veía necesitado de reparar las burlas crueles, sacó a relucir sus gracias y de burlado salió burlador. Formó corrillo, hizo ademanes de mico, rodó por el suelo con mil piruetas, tañó con delicadeza un cayado, como si fuese vihuela, y con soniquete de pavipollo divulgó lindas romanzas de ronda. «Que de noche lo mataron, al caballero, la gala de Medina, la flor de Olmedo.» Fue tuno, bigardo, saltimbanqui y galán enamorado. Gustó mucho. Acabó el espectáculo, recibió dineros, empezó oficio y fue dichoso. Sus padres, que lo andaban buscando, lo hallaron entre arrieros y feriantes, doctores en vino y rabinos de cartas. «¿Qué nos has hecho, hijo?», le dijeron.

Vieron su taleguillo con las ganancias, y se admiraron de cómo había crecido en ciencia y sabiduría, si no en tamaño, a los ojos de todos. Volvieron a la aldea de Martinmuñoz con mulo nuevo y niño prodigioso, que les habría de redimir de penas y estrecheces. Porque hasta los quince les acompañó con buen beneficio por las ferias y fiestas de la comarca, por Arévalo, Lagunilla de Duero, Medina y Valladolid, que era, para Sebastianillo, como otra Jerusalén. Con quince años, pelusilla en la cara, a falta de barbas, voz de alguacil, destemplada, pero recia, talla definitiva y esa experiencia de comediante, llegó el momento de valerse por sí solo. Era mozo para conquistar el mundo y abandonó el nido.

—No hay nada como ver mundo, Domingo. ¿Cuánto tiempo estuviste en el circo Ruso? ¿Diez años?

—Muchos —dijo Domingo—. De acá para allá. Mira, hoy se acaban los circos, ya no quedan.

—¿Ves? Cogiste los buenos tiempos. Pero cuantos años así, ¿diez?, ¿veinte?

—No sé —dijo Domingo—. Debuté a los quince años, en Valencia, allí salí por primera vez a la pista. La carpa estaba instalada en la plaza de toros, junto a la estación. Y venían de los pueblos en aquellos trenes tan viejos. Era por Navidad, ya sabes, esas fechas tan alegres. Nunca lo olvidaré.

—Ese día empezaste a ser artista, Domingo. Te encontraste con el destino. Cómo fue, cómo lo hallaste, qué sentiste.

Es como las rifas, un número en la papeleta, qué saldrá, qué no saldrá. La suerte. Es como una ardilla, espantadiza, voladora. Por aquellos años acampaban en las cercanías de la estación hombres y mujeres furtivos. Iban y venían, desaparecían de madrugada y regresaban una tarde, algunas semanas después. Todos se conocían, pero carecían de tiempo para entablar amistades duraderas. Por el día se ocultaban, nadie sabía dónde, quizá en las barracas desvencijadas, en los hangares ferroviarios, en las calles de la ciudad. De noche se acercaban al corro de las hogueras, esperaban el paso de los trenes gallegos, acarreaban desde las vías sacos, fardos, bultos pesados. Bebían vino caliente para soportar el rigor de la helada, contaban infortunios de estraperlistas y guardias en los fielatos, acechaban los movimientos en la oscuridad e interpretaban sin error los silbidos de aviso. Antes de amanecer se ponían en marcha, arreando los bultos, otros con sus sacos a cuestas, el grupo más organizado esperaba el runrún ahogado del «ruso», un camión destartalado, de color barroso, con agujeros de bala en la chapa, sobreviviente de la batalla del Ebro. Ya empezaba a volverse turbio el cielo. Lo cargaban, en viajes precipitados desde los vagones estacionados en vía muerta. Luego alguien cegaba los rescoldos, desparramaba las cenizas y dejaba en silencio el descampado, no lejos el pitido de una locomotora, unas maniobras ahogadas de trenes, el reloj de San Isidoro, la campanilla agitada de las clarisas. Era agrio el amanecer con los gritos desgañitados de los gallos y cuando los guardias civiles envueltos en sus capotes verdosos hacían la ronda, todo estaba en orden. Después, ya de mañana, de las casitas cercanas venían mujeres, niños, a la rebusca de patatas, garbanzos desperdigados, sacas con fondos de harina, lentejas, restos de estraperlo. Domingo sacaba muchos días para el puchero de patatas, una cebolla, alguna lata mal vaciada de aceite. Su padre había muerto en la cantera, a pocos meses de regresar del penal, por aquellas condenas de guerra. Una mañana, con viento recio y cielo nuboso, al volver, vio junto al lavadero a una mujer rubia y distinta, que maldecía en una lengua extraña, con una niña en jarras y un balde con ropas brillantes, de colores luminosos, rojos, azules, plateados. Era, se supuso, una comedianta del circo acampado en las Tobas. La señora Campanile le encomendó cuidar de Franceschina mientras lavaba y luego le invitó a su camioneta, y le ofreció una pasta que ella misma había amasado. Así fue el comienzo, en una ciudad, en otra, por pueblos, sin rumbo, con las luces, la música, las fiestas, en arrabales, descampados, plazas. Mientras los Campanile ofrecían sus números malabares, Domingo acunaba a Francesca, le daba la cena, la desnudaba, la dormía. Después se ocupó de vender rifas en los descansos de las funciones, hacía mandados, recorría a mediodía la ciudad sobre la baca de una furgoneta, vestido de mexicano, saludando con el sombrero, disparando al aire dos pistolones de plata, atronado por los altavoces que en mercados, plazas y patios de escuela anunciaban el mayor espectáculo del mundo. Los Campanile alcanzaban éxito discreto en su actuación. Formaban una pareja compenetrada y risueña, a pesar de la diferencia de edad, pero fuera se enzarzaban en disputas agrias, para luego, acabada la jornada, apagadas todas las luces del ferial, con la noche extraña en un lugar extraño, quejarse juntos de su destierro con una melancolía napolitana, sin poder volver a la patria ni cruzar las fronteras por aquella guerra interminable.

—Era un maestro —dijo Domingo—. Un profesional. Con ensayos prolongados y gimnasia conseguía mantenerse en forma. Francesca podía ser su hija. La señora Campanile se llamaba como la niña. En la pista perdía el desparpajo y el aire descarado. Andaba a pasitos, sobre altos tacones, tan rubia, con su traje luminoso, como un hada, una reina, una maga increíble. Recuerdo aquella sonrisa radiante. Saludaba como una bailarina delicada. Como las figurillas de porcelana de los relojes antiguos.

—Otra mujer que admiraste, Domingo. Francesca, Sara, ¿quién más? Tuviste suerte con las mujeres.

Domingo y Francesca ayudaban al señor Campanile. Le pasaban el instrumental: bolos, aros, rodillos, platos, barras, vasos. Mientras él hacía sus piruetas y equilibrios encaramado en una escalera, Domingo hacía sus pantomimas abajo, y Francesca se movía en torno, preocupada, sin perder la sonrisa, hasta recoger al fin los aplausos. «¡Los Campanile! Carlo y Francesca: la pareja italiana más famosa del malabarismo mundial. Y con ellos el pequeño Domenico, el más grande de los artistas yugoslavos. ¡Un fuerte aplauso!»

—¿Ves, Domingo? ¡Qué buenos recuerdos! Por eso me irrita que te niegues a recordar. Es porque no quieres ser feliz.

Pero fuera de la pista Francesca perdía su sonrisa de artista, y se la veía todo el día en bata, desgreñada, con un cigarrillo en la boca, gesticulando en el aire con las manos, a gritos contra el señor Campanile.

—Como Sofía Loren en esas películas —dijo Domingo—. Con ese desgarro de las italianas maltratadas por la *porca* miseria. Tan bella entre las luces y la música, y luego tan distinta. ¡Luces y sombras del circo!

—Te empeñas en ver lo malo de todo lo bueno. ¿Qué ganas con eso? Tanto como viajaste, tantos números aplaudidos. Eso es lo que tienes que recordar.

La doma del chimpancé salvaje. Saltaba en la jaula, gateaba por los barrotes, chillaba, hacía gestos obscenos. ¡Dicen que la música amansa las fieras, señoras y señores! Probaban con el *Danubio azul,* con *España cañí, La Cumparsita,* el minueto de Boccherini, todo en vano. Pedían voluntarios, los niños peinaditos de las primeras filas: que le lanzaran cacahuetes, caramelos, plátanos. Se ponía más fiero, hacía muecas, estaba a punto de quebrar los barrotes. Ah, pero el chimpancé es el más inteligente de los monos, casi como el hombre —en realidad más que algunos, más que muchas mujeres, gracias, respetable público, decía el presentador agradeciendo la broma—, algo nunca visto, cómo se aplaca y obedece al domador. Nada de látigos, nada de golosinas, sólo unas órdenes en su lengua africana. Redoblan los tambores, reclamaban silencio, apagaban luces. Cuando todo el graderío guardaba silencio expectante, el domador gritó dos veces «¡Mogambó, mogambó!», y el feo animal se inmovilizaba, reculaba a una esquina, chillaba como herido. El domador, con prudencia, quitaba el candado, entreabría la puerta, asomaba medio cuerpo, y entonces el chimpancé se arrancaba con un grito selvático, amplificado con estruendo por los altavoces, y todo el público se encogía de susto, con un ay de espanto. «¡Mogambó, mogambó!», decía el domador, entreabriendo de nuevo la cancela, «¡Kumbé gorobó!», y el animal perdía su instinto salvaje, se derrumbaba en el suelo, obedecía como un corderito. El domador lo recogía, se lo subía a los brazos, consolaba la vergüenza del pobre bicho, lo mostraba al público. «Muy bien. ¡Conseguido!», las luces, rojas, azules, amarillas, los aplausos alegres, el estallido de trompetas y tambores, el alivio de los niños.

—Yo era el chimpancé —dijo Domingo—. Uno de mis papeles. Y me disfracé de enanito de Blancanieves, de esquimal, de pigmeo. Desfilé sobre un elefante, me sacaban de un cesto los payasos, un mago me hacía desaparecer de un cofre. Miles de números.

También el circo contaba con representantes de Estados Unidos de América. Del lejano Oeste llegaban los valientes vaqueros, los jinetes de los rodeos, los *cowboys* que conducen los rebaños de ganado. Sonaba el banjo, y aparecía Domingo montado en un caballo de cartón con ruedas, guiando un rebaño de gozquecillos y chuchos. ¡Pero cuidado, Joe!, se desmandaba la manada, una estampida, ladraban los canes, dispersos por la pista. El lazo, Joe, los disparos al aire, y entre bramidos y gritos y galopes, la manada acababa reunida en un embarcadero del ferrocarril de Dodge City. *Allez, hop!*, ¡con-se-gui-do!

—Los aplausos, Domingo. ¿Ves? La pasión de la gloria. Todos los artistas la vivís.

—Vanidad sólo. La pasión de la gloria está antes de salir al escenario, ante el espejo, con el disfraz de ropas, maquillando el rostro, cambiando la cara, para ser otro. Esa tensión por ser otro personaje, superior a ti. La desazón, el miedo, la debilidad.

—No entiendo muy bien.

—Malestar y gozo a la vez —dijo Domingo—. Los focos, el público, el escenario, el miedo a olvidarse de las palabras, la lengua seca. Esa es también una pasión. Nunca se olvida.

—Ahora sí entiendo. Todos los grandes artistas la sienten. Toreros, cantaores, futbolistas al lanzar el penalty. Lo leo en las revistas.

—Sí —dijo Domingo—, pero más, ¿cómo diría?, grandioso, reverente. Lawrence Olivier, Bernstein, Ruggiero. El síndrome de las candilejas.

—¿El qué?

—Síndrome de candilejas —dijo Domingo—. En España apenas se conoce. ¿Tenemos actores como los ingleses? Nuestras primeras figuras no sirven para un papel secundario en el Old Vic. Escarba un poco, y ¿qué hay debajo? Cómicos de sainete, tipos de zarzuela. Muecas y gritos. Desgarro popular, muy nuestro, pero sin salirse de la fanfarronada.

—O sea, más a la italiana. Por eso admirabas a los cirqueros italianos.

—Los italianos aman la vida, nosotros la muerte. Esa es la diferencia. Don Sebastián de Céspedes lo sabía. También esto lo tenía previsto en mi película.

¡Qué largo camino desde que Sebastianillo abandonó Valladolid con aquel alfarero, hasta que en Palacio asistió a una comedia de invención, llevado por doña Catalina de Morales, su protectora entonces! Don Sebastián no puede recordar el título de la comedia, porque todo el tiempo estuvo maravillado por el lugar, las gentes y las galas del escenario. Entrar en la sala era como entrar en la gloria, el aire perfumado por hierbas de Oriente quemadas en pebeteros, las músicas acordadas con las voces de un coro de muchachos, aquel que solía cantar al conde-duque en las comidas y en las noches de insomnio, las luces encendidas, pues en las dos arañas del techo ardían ciento veinte velas y seis gruesos velones de cera blanca soportados por candelabros de plata de tamaño prodigioso, y en el escenario no menos de veinte hachas. No tenían los sentidos más que desear. Enanos y bufones encontraron asiento en el suelo, a los pies de las damas sentadas en dos bancadas cubiertas de tapices de Persia. Las señoras agitaban los abanicos, lucían sus mejores vestidos y joyas, recibían el saludo de los caballeros, todos de negro. En la platea se acomodaban Sus Majestades, los príncipes, el ministro con su familia y el obispo. Para Sebastianillo que era la primera vez que veía al Rey, era como mirar derechamente al sol. Poco después de esta admiración aún debió de maravillarse con la representación que había preparado Cosimo Lotti. Los mismos cortesanos se hacían lenguas, a pesar de estar acostumbrados a otros espectáculos grandiosos en el parque del Retiro, en El Pardo, en Aranjuez y en el mismo Alcázar. Porque en el escenario se había formado una montaña de muchos pies de altura, por la que subían y bajaban los comediantes, y después se abría aquella máquina al son de los instrumento, se formaba un jardín bellísimo, con fuentes y flores naturales, todo de gran artificio, donde los actores representaban su fábula. Incluso en un momento corrían por la hierba cisnes, pavos reales y un cervato. Un trueno espantoso fue hecho tan de veras y tan recio como en una tormenta de agosto, y en seguida cayó un aguacero que empapó las túnicas de la bella Clarisa, haciéndolas transparentes, despeinándola y abatiéndola de miedo en medio de aquella fiera tormenta. Mas todo acabó bien, con el triunfo postrero de los encantos del amor, después de cuatro horas de admiración con el juego de máquinas, la industria de las tramoyas, el acompañamiento de músicas y la novedad de otros muchos artificios. Acabó la función en baile, con aprobación general. A Sebastianillo se le hizo corta. Luego, en otras salas, había dispuesto un convite, al que asistió el ingeniero Lotti, el autor, el empresario y los actores principales, donde de nuevo recibieron elogios y parabienes. En especial se encareció la labor del famoso actor Pedro Clavero, que había hecho de galán o dios, y la bellísima Calderona, que fue dama y Venus. Sus Majestades, el ministro Olivares, siempre quejoso de sus articulaciones, que le dolían por la gota, y algunas damas estaban sentados; otras damas y caballeros, en corros, de pie, conversaban con gran ceremonia. Criados, mayordomos y pajes, bajo la vigilancia del sumiller, mayordomos y gentilhombre de Tinelo, ofrecían copas de vino, licores de frambuesa y refrescos: zarzaparrilla, naranjada, aguamiel, mistelas, y atendían al apetito de todos, ya grande por lo mucho que había durado el festejo. Pasaban con bandejas llenas de manjares y golosinas, para que cada uno se sirviera a su antojo, eligiendo los bocados más apetitosos. El cocinero Martínez Montiño había dispuesto tartaletas de ternera, pechuguillas de ave, asado de jamón y ahumados, todo sobre rebanaditas finas de pan. Y en otras fuentes y salvillas de plata ofrecían corazones tostados de alcachofa, dátiles envueltos en jamón, variedad de quesos, macedonias y toda clase de pastas, yemas, suplicaciones, confites y golosinas. Cucaba Sebastianillo en los umbrales de la sala, estorbando el paso de los servidores, contemplando todo como si prosiguiera la comedia. Doña Catalina de Morales le tiraba de la manga, como a niño remolón, y le recordaba el momento de partir. Volvieron a casa, de la mano, él haciendo mil preguntas, ella respondiendo a todo. Y en medio de tan confuso y gozoso conocimiento sacó la decisión de olvidar el pasado, arrimarse a tan dulce panal y hacer carrera entre tanta felicidad y gloria. Se acabaron los viajes que no fueran en torno a aquellos señores, por aquellas galerías, palacios, salas y estancias, patios y jardines. Adiós pasadas fatigas de sacristán, recadero, mendigo, alfarero, criado de juez en Talavera y farandul. Se acabaron los infortunios desde el día en que le recogieron las clarisas de Valladolid, donde fue juguete de novicias y estrenó orfandad. Se acabaron las noches al raso y los días en descampado, trochas y caminos, ventas, pajares, cortijos y puentes, de aquí para allá; en invierno sin sentir los piojos por el frío y en verano espulgándose en un trigal. Esta era alegre comitiva y buena farándula, y no el cortejo de cómicos en reata, las arcas en un pollino, la mujer en las ancas y todos los compañeros detrás, arreando.

—Pero, ¿qué hubiera sido de él si no hubiera viajado? No hay nada como los viajes, Domingo.

—Sí, es verdad —dijo Domingo—. Pero cómo cambian los horizontes con la edad.

—¿Hubiera llegado a ser el primer bufón de Carlos V sin todas esas experiencias?

—De Felipe IV —dijo Domingo—. No confundas los reinados.

—No seas quisquilloso. Dime, ¿qué hizo en el convento de Valladolid?, ¿qué papeles representó con los italianos?, ¿estuvo en Sevilla, en París, en Nápoles?

—Son muchas preguntas —dijo Domingo—. Las palabras y las imágenes son sucesivas, pero la memoria no es lineal. Tiene otro orden. En una película no se puede mostrar todo a la vez.

—Pero siempre interrumpes los relatos. A ver, te ayudo. Dejó a sus padres, se acogió con las monjas, sigue. Por orden.

—¡Qué esclavitud del orden, del tiempo! La memoria y la fantasía se vengan así de la continuidad obligatoria de la vida. ¿No deben los artistas seguir esa otra sucesión? Ahí tienen su recompensa. Eso es crear: montar otro tiempo caprichoso, reconstruir las vidas en otro orden, huir de las duraciones convencionales.

—Estarás fatigado. Siempre inventas excusas para darte razones.

—No te enfades, es así. Hasta en un tren hay momentos en que se cree ir en dirección contraria. Y tener alguna vez el vértigo del viajero inmóvil. No es más que el impulso secreto de no llegar, no llegar nunca a la estación término. ¿Ves por qué soy un artista? El tren me lleva, pero creo que a veces retrocedo, hago mis paradas, cambio los paisajes.

Pero también en el Orient Express se hace largo el viaje, la tarde, la noche, la mañana, tantas estaciones fugaces, tantos controles y aduanas. En la placidez de la tarde, a una marcha que se antoja quieta, por la llanura verde, el tren parece jugar con el río caudaloso, ancho, de aguas quietas, cerca del mar. Ya llega esa humedad de las lagunas, se advierte la inquietud en los pasillos, avanzamos por un istmo como sobre el agua, con la carretera al lado, hacia la ciudad. En la estación otros viajeros que llegan, turistas, mozos, barqueros, vendedores, trotamundos. Las aguas grises y oscuras chapotean sin espumas apenas contra escalinatas y embarcaderos, los muros de los palacios rezuman verdín, algas, estelas breves en el moho ondoso de los canales, gris el cielo, y entre vocingleros mercaderes, pilotos, viajeros de lenguas extrañas, van pasando las iglesias, los palacios, las balconadas, los puentes, entre sepias, rojos, evanescentes colores, luces tristes reflejadas en los mármoles, secular ámbito de acogida para viajeros con petacas, valijas, maletas llenas de memorias, equipajes pesados y necesarios que nos desembarcan en la *piazetta,* nos acompañan hasta ¡esos ojos de pasmo, de querencia, de belleza ajena!, quizás el Florián: para ser también como ellos, porque allí tomaron café y su vaso de agua del botellón tallado en la isla de Tosello —quizás un vino romañola—, Scarlatti, Mozart, Mahler, Byron, Joyce, Hemingway, todos, con la orquestina de violines que hace ochenta años ponía retórica al alma del profesor Auschenbach, con romanzas de ópera, viejas canciones venecianas, adagios de Albinoni, los viejos cuadros de los pintores que aquí se pusieron tristes, cuando los *mori* de la torre del Orologio martillean las horas contra los bronces y levantaban el vuelo palomas como si tantos años, tantas memorias, tantas intimidades consumidas rompieran un largo sueño. Esa mirada de cine va lentamente, al ritmo de nuestros pasos, recorriendo las columnas, los ventanales de la plaza, los pórticos de San Marcos, el palacio ducal, acercándose al muelle, advirtiendo el olor de mar estancado, gris, bajo el cielo plomizo, con la embarcación esperando, las maletas a los pies, mirando al frente, encogidos en las ropas de abrigo, torres, palacios, iglesias, por las aguas tranquilas, camino ya, la isla de San Michele. En la isla de San Michele reposan las pasiones del artista: misterios, sueño y última soledad.

Todavía sin luz llegaron de lejos rumores desabridos y crepitar de voces. Podía romper el amanecer por levante, sobre las arboledas mochas del jardín del Buen Retiro. ¿Quién era?, se decía, a tientas y a ciegas, en la oscuridad, tropezando sus manos con embozos, ropajes de bufón, pensamientos turbios. Antes de advertirse despierto, en el trance del náufrago exhausto que alcanza la línea de playa, Domingo se fue desprendiendo de una fantasía enmarañada, de una oscura confusión. ¿Qué había sido en sueños, perseguidor o perseguido? Porque durante muchas horas tropicales permaneció con inmovilidad de maya paciente, acuclillado, agazapado, acechando el ventanal donde se consumía en fiebres doña Sofía de Hugues, sorprendida por el mal de la manigua de camino a la isla de Guadalupe. Veía en sueños el cuerpo moreno de la señora, semidesnudo sobre las sábanas de hilo, su cara sudorosa, agitada a veces por delirios temerosos, las greñas deshechas sobre el blancor de la almohada. Veía los vestidos de París colgados en los armarios, los arcones de viaje, el aguamanil de plata, los pañuelos bordados sobre la mesilla de noche, la mariposa de aceite que velaba el aire espeso de la alcoba. Veía a través del espejo de Talavera el burujo piadoso de la monja, que velaba con manos de alabastro la lucha del mal en las facciones de la enferma, que decía, con sus rasgos lejanos, la mezcla de sangres.

Toda la noche acechó quieto en la espesura, con ojos fijos bajo un cielo sin luceros, hasta que llegaban rumores en la maleza, escarceos en la hojarasca, temblores en el follaje, y el rocío del amanecer se hacía madoroso, a punto de alzarse el sol, precedido de un vientecillo del mar que sacudía en las altas secuoyas gorjeos, cotorreos de aves habladoras. El silencio se hacía prolongado y expectante, y el chapuzón de las ranas en las charcas le hacían zozobrar el corazón. Toda la noche perseguidor y perseguido a una vez, quieto y despierto, con los ojos abiertos e inmóviles, sublimado con destino de indio sumiso, atisbando el ventanal silencioso. ¿Se curaba doña Sofía, contrapesando con su juventud y belleza la maldad de las fiebres arrasadoras? Ya llegaba de golpe, del mar no lejano, un fuego rojo que desvanecía las sombras rastreras de las ciénagas, y a poco, en el corral, amanecían los criados para aparejar las cabalgaduras, no fuera que la señora despertara aliviada, y, aunque débil, decidiera proseguir la trocha de Mérida, donde embarcaría con rumbo definitivo a la isla de Guadalupe. Con la rapidez con que el sol se alza en el Yucatán, estaban a punto de sorprenderlo los fámulos, allí, acurrucadito al árbol, cuando empezó a oír ruidos, y a preguntarse quién era.

¿Quién soy? ¿Quién soy? ¿Domingo o don Sebastián?

Porque era preciso explorar en un instante —cómo encender una vela en la oscuridad— la maraña del tiempo y la dimensión del lugar para dotarse de un nombre, una historia, un quehacer y un reconocimiento. En la penumbra quieta y espesa podían suponerse los cortinones del ventanal y afuera la primera quiebra del amanecer, por el descampado solitario de Atocha. Una luz fría y cortante, desleída. Todavía el oído atento apenas descubría rumores esquivos, espaciados, temerosos. Pero poco después, sobre la copa del fresno, a levante, se derrama en el cielo un tinte rosa, de fresa, de caramelo, y el aire era de cristal. Se esperaba la chirlería de los pájaros, y eran recios los ruidos sobre el empedrado: trote de recuas, voces de arriero, carraspeos de mercaderes, maldiciones de lisiados, que todos se reúnen en la plaza de Santa Ana, y quedos pasos de gentes beatas, que aun antes de que tañan las campanas ya haldean camino de iglesias y conventos. Pues en aquel vasto lecho, mullido, él era don Sebastián de Céspedes, de cincuenta y un años, de sienes nevadas, rico, y tan conocido el mundo que nada podía darle un sobresalto. En él, en sus adentros, estaban los daños y ardores. Pues en la penumbra de su aposento, aun sin abrir el ojo, con perro a los pies de la cama y el michino ovillado a su vera, podía saberse tan a solas de todo que se sentía horno o caldera en medio del monte frío, que unas veces arde y abrasa dentro la vida, y otras se consume y apaga. ¿Su soledad era en el despertar mayor que fue la de Olivares en sus días de privanza ilimitada? ¿Mayor que la de María Ana, débil niña extranjera en manos de un Rey reviciado? ¿Su despertar era más solitario que el de un inquisidor? ¿Que el de un reo sin familia en la cárcel de Corte, asomado a la calle de la Concepción Jerónima por un ventanito enrejado? Pues el mundo es espacioso e inmenso, y por eso, como en días más crudos, se arrebuja entre las sábanas, encogido para detener los golpes, el frío de la vejez, ya en ciernes, con sus arrugas, tembleques y pingajos. Con los ojos entornados, calentito, podía en cambio suponer la compañía de su perro y su gato, el mundo en tregua, las cosas acomodadas en su orden mientras no diera en prever los quehaceres del día, sus ocupaciones, el gobierno de la casa, quizás, de tarde, algún negocio en Palacio. Acurrucado en postura de feto podía sentir el abrigo del dosel, sobre el lecho, como matriz o placenta.

Pero en este tiento de abrir los párpados don Sebastián de Céspedes se transmutó en Domingo al alcanzar un resplandor verdoso sobre la mesita de noche. El radiorreloj japonés le trasladó a la confusa ignorancia de muchos días, sin poder por un instante concretar en qué lugar amanecía, si en un hotel de provincias o en su cuarto de Madrid, convertido en museo de pegatinas, recortes, carteles, fotos, objetos y cachivaches atropados en su larga vida de artista. Eran las siete y cuarto. Temía que sonara el teléfono, dar la luz, advertir el ámbito de urna de una habitación de hotel, con olor suave a desinfectante. ¿La felicidad es cosa de tamaño? ¿No es de proporción? ¿Es causa de la desmesura? ¿Era clásico o romántico? El despertar de un enano cincuentón es como un sueño revenido, un insomnio receloso: el mundo apalea, pide gracias de duendecillo, disfruta tirándole cacahuetes, caramelos, vainas de plátano. Pero al amanecer el mundo es un gran zoo y la habitación está a solas, y la jaula no tiene espectadores, y el monicaco se agobia en madriguera, guaridas de hotel o pensión, de la yacija a los barrotes, del lecho al baño, de los barrotes al ventanal: daba su ventana de la 116 a la pendiente posterior, rala de yerbajos secos, rocas mondas, peñascales inhóspitos. Hoy no tenía que actuar. No había un mayordomo que golpeara con los nudillos la puerta, señor Gálvez, la hora, es un maravilloso día; nadie que le descorriera las cortinas: le cegaría el sol de California, que le dispusiera la bata, el zumo de pomelo, el periódico, el baño a 36 grados. En las entrevistas más personales comentaría su profesionalidad: madrugador, amable, sometido a las duras tareas del rodaje. Se escalofrió bajo las sábanas, dio una vuelta y se aconchó en su aventura fantástica, rumbo a un viento que venía para él de lejos. Porque a estas horas el rigor del invierno es crudo en Madrid y la ciudad se despereza como una gusanera. Asentadores y aguaderos arrean sus asnos por la Cava Baja, vocean pregones destemplados los ropavejeros, ocupan sus esquinas limosneras ciegos, voltean las campanas del convento de la Encarnación, dando entrada a otros tañidos de campanarios, se abren los portales con dueñas piadosas camino de las iglesias, salen por Atocha correos y comitivas de comerciantes de Levante, desayunan bodrios fríos los enfermos de búas en el hospital de la Beneficencia, planean su día corchetes y alguaciles, arbitristas y lunáticos y estudiantes hambrientos, vacían orinales criadas y sirvientas, y todas las gentes de esta ciudad amanecen hurgando las faltriqueras, las bocas vacías y los vientres con protestas. Don Sebastianillo de Céspedes gobierna, medio en sueños, el ajetreo de su rica casa. Porque Domingo quería dormirse y le pesaba en la cabeza la resaca nocturna de vinos. Y sus oídos advertían pasos en los pasillos y el bullebulle lejano. Venía del patio, en el jardincillo trasero del Parador, que se derrama en pendiente hasta la muralla almenada, sobre las casas lugareñas, avizorando los cantizales inmediatos, como un nido de águilas ante el horizonte áspero de roquedos y cárcavas. Pero el jardincillo era ahora traza de callejón trasero del Alcázar, por poniente, donde se ahonda, entre arboledas y jardines, el Campo del Moro. El equipo de electricistas atornillaba focos, jalaba cables, probaba cañones de luz pálida ante la amenaza del amanecer. Hábiles montadores interpondrían en los estudios súbitos planos de cielos madrileños, para que meses después oscuros espectadores captasen el hechizo de la luz en los cielos velazqueños. Domingo sentía el aguanoso recelo del artista sin suerte: comezón agrio o resaca fría es la vanidad. Vanidoso es el artista, lleva ese gusanillo intestino, mordedor, clac, clac, raspando siempre, agazapado. La vanidad no es más que ansia de afecto. Y ahora, además, advertía el apremio contra el tiempo de la vejez, que ya sopla en todas direcciones. Otra carcoma que se abre camino con sutiles excusas: ¿por qué despreciaban su arte? Los guionistas eran mentecatos. Reducían el papel de Sebastianillo al de figurante o relleno, comparsa festiva, séquito y detalle pintoresco, en escenas de muestrario de postal cortesana. ¿Por qué la cámara no se desviaba hacia él, con un *zoom* lento, hasta su cara, llenando la pantalla, hasta pararse en los ojos: un territorio con resguardados parajes: manantiales de soledad, sotos de sentimiento, cerros de despecho, intrincadas espeluncas de miedo. El can lo miraba con ojos húmedos, las orejas lacias. Don Sebastián, legañoso y blando, despertaba friolero, sin fuerzas para alzarse, protegido en su aposento, como en un cascarón, contra el frío crudo del amanecer, la luz hiriente, el vientecillo de la vejez se filtraba por postigos y cuarterones. Si se le escarbara el corazón, ¿acaso no se desparramaría un vaho de resentimiento? Amaba a la reina doña María Ana y se confundía ese sueño apasionado con afectos protectores: consolarla, distraerla, protegerla del Augusto esposo, noctívago, putañero, pusilánime Rey con corona. ¿Contra qué iba el resentimiento? Pues ¿no tenía acceso a las augustas personas, no perdonan sus burlas consejeros y nobles, no había medrado en la Corte, no tenía casa, criados y despensas abastecidas? ¿Dónde era humillado? La culpa de todos los daños la tienen los guionistas, que trazan aventuras y escriben diálogos que no se pueden modificar. Domingo sentía celos de Vidal Solana y la Calderona, que usurpaban otra acción más intensa y apasionada. ¿Ni siquiera don Sebastianillo podía acompañar a Su Majestad en sus correrías nocturnas de gato, por mesones y conventos de novicia? El enano que tantas confidencias guardaba en la lengua y tantas escaramuzas de alcoba había impreso en sus ojos ni siquiera podía, como lebrel dócil, ovillado en el suelo, acompañar en el carruaje a don Felipe y la coima cómica, el dietario de rodaje no había previsto para Domingo en toda la mañana ni un mal paso ante la cámara. Y veía que era viernes, y que aquella misma tarde comenzaría la dispersión del fin de semana, acabado el rodaje en el Parador de Sigüenza. Quería volver a dormirse, soñar, cerrar los ojos para proseguir aquel sueño del Caribe, ahora que amanecía de golpe sobre la manigua, sacudida por gritos y luces, y doña Sofía de Hugues, ¿o era Sara Soto?, desvelaba sus ojos dulces, superadas las fiebres malignas. La casona colonial a las afueras del pueblecito —casitas rosadas, azules, anaranjadas, con rejas en las ventanas, flores en las repisas, puertas claveteadas— se conmovía con el llamado de un zascandil antillano: «¡Mi amita, la chalupa aguarda en el embarcadero!» ¿Y qué se hacía Domingo con los ojos de toda la noche abiertos, espías, espiados, ante esas noticias definitivas? El sol se alzaba, abrasador, y mal podía proseguir su sueño.

Domingo advertía, arrebujado, los ruidos discordes. No podía evitar determinar su emplazamiento: pasos de camarera en el pasillo, vaciado de desagüe en cuartos de baño, bullebulle en el patio. Azacanados por la proximidad del amanecer soriano —rosado, frío, aterrador sobre aquel oleaje de montes pelados—, cámaras, electricistas, cocheros, maquilladores y mozos de cuerda preparaban una escena de tierno arrumaco. Aquel tinglado de campamento o circo se transmutaría en una historia antigua —escanciados sentimientos y vidas posibles— de apenas dos minutos en pantalla, tiempo quizá excesivo, por esa parsimonia que acomete a los directores cuando se ven con cuatro vestidos, una alfombra, dos pelucas y media docena de objetos de época. Aunque esta vez el genio italiano de Franco Varessi habría de reponer el *tempo maestoso* que ignoran los directores españoles, zurcidores sin genio, capaces de reñir a estoque por defender la calidad patria de nuestro bucheo zarzuelero, el jipío moruno, el bronco quejido de crueldad y padecimientos. Toda la fantasía popular de nuestro arte se ha quedado en ripios de versos, oportunidad de morcillas no previstas en el guión, chascarrillo necio, desgarro de gañán, fogosidad de misionero, perorata de burócrata y pedorreta de herejuelo. Ah, pero también es cierto que la voluntad se sobrepone a la menestorosidad cruel y bronca de fuerzas ensangrentadas, de culto a la violencia y al horror. Es táctica: hacer de tripas corazón.

Vidal Solana pide con voz tomada un café bien cargado, y mientras se lo preparan se acerca al ventanal del hall a saludar a Mariella Cassola. La besa en la mejilla, le dice un requiebro mimoso —*ciao, cara*— y le deja perfumes frescos de anuncio varonil. Mariella se arropa, estremecida de escalofríos y sueño, con chaquetón rojo de zorro canadiense, mientras a sus pies la sastra pespuntea un hilado de la basquiña. Se alegra de verlo y por momentos se desentiende de los papeles del guión, incapaz, a horas tan intempestivas, de figurarse dengues sensuales de la Calderona. Está *stufa,* con dolores de cabeza, asperezas de lengua, vahídos del madrugón, aterida —*fa brutissimo, caro*—, aunque ya se ha tomado dos cafés y ni así se le pasa la resaca del champáña. El regidor los interrumpe —¿estáis listos?— mientras sale al patio a discutir con Pere Ferrer, reclamar a Lola, vociferar a lacayos y palafreneros —el cochero, joder, dónde anda el cochero—, pedir a los curiosos que se retiren lejos de los focos —son sólo media docena, hoy sin trabajo de extras, pero que no quieren perderse la cazalla gratuita del bar y la contemplación de aquella italiana tan cojonuda—. Nadie podría explicarse cómo ha madrugado tanto Merino, con su chaqueta de pana de intelectual, la bufanda verdosa al cuello y la pipa con tabaco holandés, observando con perspicacia de reportero lúcido, aunque estaría dispuesto a proponerle a Lola Miranda, si estuviera en sus manos, un papel a lo Lauren Bacall. Pere Ferrer comenta con el regidor la disposición de la cámara, en tanto se aparece Franco Varessi. Se va Chema Benegas y vuelve don Felipe y la Calderona (la cámara os cogerá de frente, os tomarán ya dentro de la carroza, venís a Palacio), Vidal, ¿no debían acentuarte la palidez de las ojeras?, Benegas tiene que hacer de director artístico, de todo lo que se tercie. Llegaba la maquilladora con el espejo, pero antes enfocarlo, tú Pere, ¿qué tal daba en la cámara?, Mariella y Vidal irían sentados, ¿abrazados?, Chema Benegas no sabe, eso ya lo dirá Franco. Al principio planos medios y cortos en los morreos, tampoco muy apasionados —¡a esas horas!, *povera di me,* decía Mariella—, tú, Vidal, ya distante, frío —«como resabiado», añadió él—, eso es. Luego les cortan, el lacayo abre la puerta, Mariella debía decir entonces con sinceridad rabisalsera y con destreza de cómica, el fraseo, pero vocalizando bien, ¿entendía?, para ajustar el *timing* del doblaje: *mio caro, mia vita, cosi mi lasci,* muy bien, eso, lo que sea, pero sin pasarse. Chema

Benegas acudía ahora a instruir a los lacayos y palafreneros sobre sus movimientos y compostura. Daba instrucciones a los encargados de balancear el carruaje que bajaba por el arrabal de San Martín, rodeaba el Alcázar y se detenía ante la puerta secreta de la fachada Oeste. Corregía los impulsos desmedidos de los mozos de Sigüenza, escondidos en la trasera de la carroza imperial: «más suave, coño, y con menos compás», que se trataba de un suave traqueteo, no de hacer el oleaje para la película *Tiburón.* A falta de una filmación corrida y espectacular, que habría de hacerse al final del rodaje por los caminos polvorientos de la Casa de Campo, ahora se trataba de concentrar en unos planos el factor humano del rey más poderoso del mundo que volvía maltrecho y popular, ocultándose como un donjuán rijoso, tras asaltar nocturnas honras. En estas aventuras de despedida —ella tierna, lagarta, prendida, él abobado y blando, feliz y maltrecho—, se interpondrían planos o fotogramas rápidos de cascos, patas finas de tordo andaluz, desenfocado trote, a no ser que se le fuera la mano al mezclador de montaje y añadiera —da buen rendimiento en salitas de estar a las diez de la noche de los lunes en todos los pisos subvencionados— alocados galopes de hipogrifos desbocados, de pechos sudorosos, riendas y belfos, con piar y relinchos de laboratorio, paso de ruedas y crujidos de pértigo, al simular el regreso apresurado por Corredera, Sol, calle Mayor, antes que la gusanera despejara legañas y hambres en tan poblada villa, capital del más grande de los imperios del mundo, verdad que es tumorado en muchos lugares y desmochado en otro por ejércitos franceses, que así lo atacaban como cáncer o lepra. ¿No estaban previstas para otra ocasión corvetas airosas de bayo en los montes del Pardo para el último plano que habría de ser antes de aparecer la palabra fin, réplica precisa del cuadro de Velázquez? Aquella era la visión que Franco Varessi contempló en el Museo del Prado una mañana de domingo y con la que había encandilado a los entrevistadores de la televisión, porque el artista, a partir de una imagen, que en este caso sería la postrera, comprendía y proyectaba toda la película, el *vero senso* del filme, *capisci?* Entre tanto la Calderona pedía a Su Católica Majestad otra *sigareta,* y afilaba mohín de reproche, morrito de fastidio. Estaba dispuesta a salir del coche y entrar en el Parador. Vidal Solana la calmaba, atusando la moña amaizada, preguntaba al maquillador —¿dónde andaba?— si debía repasarle el carmín de los labios. Vidal tenía dificultades en reblandecer los ojos de buey, propios, en su suposición, de su augusto personaje, tras el holgorio nocturno con el duque de Sessa, entre cómicos, guitarristas, rufos, gitanillas de Loeches y palmeros de la Andalucía. Pueblo y realeza unidos, más que nunca: confederados para fiestas, desfiles, carnavales, autos y cañas en la Plaza Mayor. Es deber de una monarquía tan poderosa admirar al pueblo con su ostentación y lujos. Con ello las gentes reconocen su condición, olvidan sus calamidades y creen en la grandeza de la patria. Su Majestad, abandonado en el asiento, corría la cortinilla para eludir el rigor de los focos. La luz abrasaba la concha del carruaje, que llevaba techo corredero, de suerte que la cámara pudiera recoger a los amantes en suave picado. A instancias del operador, preparados ya para la primera toma, Su Majestad debía retirar a un costado la solapilla de la capa —«ya, vale, así está bien»— para no ocultar el collar y la Cruz de Malta, una joya de ofuscadores brillos, dorados, esmeraldas, rubíes, brillantes.

¿Dónde andaba el anillo del Rey? El atrezzista no aparecía. Lola Miranda opinaba que no era imprescindible, quién lo podía echar de menos a esas horas. ¿No debía calzar guantes, con una madrugada tan cruda? ¿Y cómo podría, en ese caso, acariciar a la cómica? No eran horas de caricias, después de una noche de estragos. La maquilladora repasaba con delicados pulsos el rostro hermoso de María Calderón, recostado sobre el hombro, con desmayo, los ojos abiertos, tan verdes, pensativos. ¿Acaso piensa en el día en que don Felipe la deje?

¿Argüirá razones de conveniencia, de alta política? Los escándalos son dañinos para todos, a no ser en cómicos, que con ellos alcanzan fama, clientela y dineros. ¿La abandonará por escrúpulos y malestar de conciencia? Es un rey con tan graves arrepentimientos y tiritonas de ánimo como desbaratado en sus pasiones y ansias. Sor María de Ágreda lo reconviene a menudo en sus cartas, y la iluminada lo atemoriza con tormentos infernales, que no son nada en comparación con los que vocean los infelices achicharrados por la Inquisición en la Plaza Mayor, «que los Reyes han de ganarse uno a uno el cielo, sin faltar a los deberes de su Estado». ¿La repudiará por hastío? Es tan goloso como arrogante y dadivoso, y a todo eso le pone bridas el conde-duque. María Calderón deja en los labios amoratadillos por el frío un trazo triste. El vestido escotado muestra el cuello fino, la garganta prendida con camafeo florentino, allí de donde mana su voz pícara para las jácaras, armoniosa para el canto, liviana para el susurro de amor. Los senos son aún de muchacha, chicos, como gustan en la Corte. No precisa corpiños para apretarlos y menguarlos, como muchas damas, que temen ser confundidas con nodrizas gallegas.

Mariella Cassola se deja repasar la ceja, arrebolar el pómulo, blanquear la frente de azucena. ¿Por qué se madruga tanto para los rodajes? Vidal dice que es costumbre heredada de los americanos. Aún nota la boca áspera. Además, las escenas como esta le desazonan. Prefiere las secuencias de acción, a la brava: hace años montaba de un salto en un bayo, con una saca de dólares sobre el arzón, las riendas en una mano y en la otra un revólver, en las polvorientas calles de Dodge City, Kansas, Nuevo México. O se acomodaba en el Matra rojo, aceleraba dos veces, salía de estampida por la carretera sinuosa de la costa. En sus últimas comedias españolas apenas tenía ocasión de interpretar despedidas: los directores preferían las escenas acabadas de golpe, con un mal chascarrillo o *gag* fácil, como en las torpes representaciones de los teatrillos parroquiales, tras mucho aspaviento, violencia de navajero, disputa hogareña, desnudo de cama, perorata de suegra pía, y muchos tacos, gritos, protestas, soflamas, vahídos de frustración y demás aderezos costumbristas. Con historia de actualidad nunca los españoles han hecho una obra de arte: sólo quincalla, genialidad aislada, periodismo de escuela, fiestecilla colegial. Chema Benegas lo tranquiliza, con palabras de amigo, con respeto de edecán, con deseos de recordarle las teorías del Actor's Studio. Podía recordarle a Vidal extractos del informe que acompaña al guión, con textos de Marañón, Astrana Marín y Marcelin Defourneaux sobre modales y comportamiento de los Austrias. «Los Reyes no han de sobrepasarse en público, si no es con mengua del respeto y devoción de sus súbditos. No deben afectar sus sentimientos, que el poder siempre ha de mostrarse grave. Y aun en privado mirarán por sus ademanes, con prudencia y comedimiento. Con ser absolutos, los monarcas padecen estos cuidados y limitaciones.» ¿Cómo combinar, pues, seriedad y arrumaco, distanciamiento e intimidad, realeza y golfería? Venían de un sarao nocturno, se escondían como amantes furtivos, se despedían fatigados y relamidos, todo a una. Don Felipe era poderoso, pero voluble, imperial y acongojado por tantas preocauciones de gobierno, pero de ánimo blando y caprichoso, minucioso en algunos deberes, confuso en otros, indeciso tras las malas noticias, impulsivo en algunas ocurrencias. Él, como el siglo, vivía en contradicción. No era piadoso, pero se estremecía con milagrerías de monjas llagadas, iluministas y visionarios. Su cuerpo era de talla pero parecía flojo y débil, por la color clara y desmayada, aunque montaba con brío y resistía sobre la silla, hasta reventar al bayo, en las costaneras del Pardo.

Así que a estas horas, a punto de quebrarse el amanecer sobre los roquedos, las murallas viejas y el patio del Parador, Vidal Solana debía simular cansada galantería de regio putañero, runrún tierno. La pichona se desmayaba con arrumacos y melindres sobre las guatas del carruaje, teatralera, Rey mío, no me dejes, apucherando el mohín de pena, repitiendo versitos desconsolados de cancionero, vida mía, qué crueles eran las despedidas, qué infelices las mujeres enamoradas, qué verdugos los hombres, qué necio el mundo, qué rigurosos aquellos amores escondidos. Su Majestad, ¿la escuchaba?, ¿no le tenía compasión?, eh, eh, ¿ni una sonrisa de adiós? Don Felipe estaba ojeroso y su tez en extremo pálida, el labio amoratado por los fríos, el gesto suspicaz, ¿habían llegado?, el coche se había detenido: era hora de separarse. Antes de descender, con decisión imprevista, Su Majestad se quitaba el anillo y se lo regalaba, desprendido, pero ¿ya?, ¿ya?, la dejaba, pero ¿ya?, ¿hasta cuándo, mi amor? Se embozaba en la capa negra, como salteador, saltaba del coche, seguía una seña desde el portillo secreto. El de Sessa, celestino y lechuzo, le franqueaba la puerta, cruzaba el umbral, con miedo de que sorprendieran sus pasos a deshora, subían escaleras, cruzaban pasadizos, pasaban corredores hasta alcanzar la cámara regia. Entonces don Felipe desveló al camarero fiel para que lo desvistiera, lo encamara, lo arropara, avivara la estufilla de cisco del aposento paredaño, corriera cortinajes —le iba la vida si traspasaba una rendija de luz—, vigilara su sueño: que nadie lo despertara, aunque el mundo se fuera a pique.

Lolita Miranda tira el cigarrillo y sale al encuentro de Franco Varessi, que se abre paso como un santón venerado entre la turba de peregrinos. Hay diligencia y apretujones de electricistas, sastras, maquilladoras, operadores y curiosos seguntinos abrigados en sus zamarras, con caras de pasmo, que no han querido perderse el espectáculo de zoco ni los canapés y carajillos que sirven gratuitamente en el comedor. Se encienden los focos. Delante del carruaje un técnico mide de nuevo la luz con un fotómetro, y alguien delante de la portezuela, de espaldas a sus Majestades, tiene lista la claqueta. Franco Varessi, con gorro de astracán y barbas de pope sobre el chaquetón de pelliza, resopla los dedos, consulta los papeles que le tiende Lolita, imparte observaciones que salen de su boca envueltas en nubecillas de aliento. Se produce ese instante de máxima expectación, todo en quietud, antes de que su palabra creadora ponga en movimiento el hormiguero: «¡Cámara! *¡Azione!*»

Desde el ventanal de la galería unos ojos somnolientos y turbios acechan aquel bullicio del patio, con luces cegadoras y en derredor bultos oscuros. Es como ceremonia o retablo en un templo sin techo, bajo la noche, en descampado. Domingo tiene la lengua estropajosa y en la cabeza confusas historias, esperas y persecuciones. ¿Acaso despiden huéspedes, fámulos y lacayos a doña Sofía de Hugues, apenas convaleciente de las fiebres tropicales? ¿La suben al coche, cargan sus arcones y baúles, la confortan para que diga adiós sin pesar a la casa, a punto del amanecer, de camino a la isla de Guadalupe? Domingo se alza de puntillas y apenas sus ojos alcanzan el alféizar de la ventana. Toda la noche acechó con los ojos abiertos, acuclillado como un tolteca antiguo, acribillado por los mosquitos, inmóvil, sin apartar la mirada de aquella rendija de luz macilenta, filtrada por un postigo, donde la señora vencía las calenturas. ¿Perseguidor o perseguido? Ahora, hacia levante, partida la profundidad de las sombras por la arista medieval de la pared, se aclara el cielo de la madrugada inmediata. Abajo, en el patio, la primera toma fue fallida. Las figuras del retablo se mueven para ensayar una nueva compostura. Franco Varessi, con paciencia de confesor de novicias, consuela, conforta, reprende paternalmente a Mariella, compungida con tiquismiquis, como si hubiera perdido todo el fervor de su vocación. Le da ánimos, un apretón de manos, se la encomienda a Vidal Solana, que debe alelar más la jeta, agolfarla, *senza dimenticare gravezza,* sin perder, *come si dice,* compostura, *ecco,* de Rey poderoso. ¿Preparados? ¿Preparados?, repite el regidor. Por todos esos ensayos y falsedades comprende Domingo la volubilidad de los amores de don Felipe, caprichosos, efímeros, resabiados, y de nuevo brota en el corazón de don Sebastianillo de

Céspedes el tirón de los celos, un anzuelo doloroso con un hilo invisible y enredado, a cuyo extremo está la mano de la reina doña María Ana. La compadece, extranjera, niña, engañada. Mas ¿puede un enano tener compasión de su Reina? ¿No es desatino? ¿Era lícito amarla en silencio, sentir lástima, desear protegerla, guardar su honor? ¿No guardan la casa y defienden al amo esos perrillos paticortos, feos, chillones, no son útiles sus avisos y previenen con el estruendo de sus ladridos? Era cansada su postura de puntillas para alcanzar a ver la escena del patio. Domingo sintió estremecimiento de frío, apenas abrigado por batín tan fino. Con andares tambaleantes y pasos menudos, vuelve a su cuarto, con algo de rabia, que también la soledad agria a veces el ánimo. Sabía que a estas horas Sara dormía en el mismo lecho que Merino. Trepa a la cama, se tapa con las sábanas, esconde la cabeza bajo la almohada y se queda quieto. «Mierda», dice entre dientes. Se siente como un hurón viejo, pero puede soñar con Sara, su reina de Austria, que no dice las erres. «¿Egues un hugón?» Sí, Domingo es un hurón pequeñito y mojado.

—La vida es larga, pero ya se pasa —dijo Domingo.

—¿Pensar así te alivia? Te quieres engañar, eso es todo. ¿Dices la verdad? Siempre que eres sincero te pones triste. Eres desagradecido, Domingo.

—¿Qué debo decir? ¿Que la vida es corta y nunca pasa?

—No me gusta oírte eso. ¿No tienes recuerdos? ¿No puedes inventarlos?

—El tiempo pasa por debajo de los puentes.

—No entiendo. ¿Por qué no te rebelas? ¿Por qué no luchas? Algo sabes que no quieres contar.

—Anoche tuve un sueño —dijo Domingo.

—¿Ves? ¿Cómo era? Ya está: un viaje lejano. ¿O eras Sebastianillo? Ya sé: se vengaba del Rey. Por celos. A mí me gusta que en las películas pierdan los malos.

—Fue un sueño, no un ensueño.

—¿Y en qué se diferencian, Domingo? Es malo hacer distinciones.

—Los sueños esconden una pasión insatisfecha —dijo Domingo.

—Pues entonces tu sueño era una pasión de amor. Soñaste con Sara, nunca la podrás olvidar. Tu Reina. ¿Adivino?

—Todos los sueños caben en un sueño. Todos los viajes en un viaje. A lo mejor toda una vida cabe en un instante.

—Eso me gusta. Es como cuando gana el bueno en las películas, cuando se casa. Antes de que pongan la palabra fin.

—Si ese instante fuera eterno... —dijo Domingo—. Como llegar y a la vez ir de viaje.

—Ya estás desquiciando, Domingo. No me haces caso. ¿Es por confundirme? ¿Quieres olvidar tus aventuras? Tus películas, tus viajes, la fama, los hoteles de lujo, tus apariciones en la televisión. Y cuando eras torero y trabajabas en los circos, todo eso. Y cuando fuiste Sebastianillo. Sí, lo pasó mal, ¿pero no fue rico?, ¿no era confidente del Rey?, ¿no lo protegía la Reina? Todo eso da para muchos capítulos. Un serial muy largo. Tú mismo me lo decías ayer.

A pie, en carreta o en mulo, aprovechando los días bonancibles de la vendimia, que hay dulces racimos a la vera de los caminos, fiestas en muchos lugares y gentes más propensas a la generosidad, Sebastianillo entró en Valladolid. Tenía quince años, esa edad en que la audacia es tan recia que ensordece cualquier sospecha de mal. Dejó casa, familia y pueblo para sentar plaza, por primera vez, de hombre libre, en pos de la fortuna, que es lucero de descarriados cuando los tiempos soplan turbios. Entró en la ciudad animoso, con mucha alegría. Y para que le durara más su gozo, se detenía para admirar las fachadas de los caserones, la fábrica de las iglesias, el adorno de los palacios. Asomaba la cabeza a los mesones, curioseaba entre los tabanques del mercadillo, descansaba junto a una fuente, reparaba en todo. ¡Qué grata la libertad, sabrosa como una yema! Sólo precisaba suerte. Llevaba lo puesto, un hatillo de bodigos con muñón de cecina y quince reales, que eran el pago de una actuación suya en Lagunilla, después de misa mayor, donde contó chistes, bailó chacona, dijo una jácara y voló por los aires, con cabriolas de mono. Sin los calores del estío, que en esta ciudad abrasan y encarcelan a sus moradores durante el día en el interior sombrío de sus casas, el otoño es dorado y dulce, como mosto. El sol de oro consuela a viejos, reclama a doncellas hasta los balcones, y todos se mueven, hablan deprisa, pregonan y olvidan. En pocos días Sebastianillo alcanzó a dominar el territorio. Encontró donde dormir mullido, en qué atrio goteaban más limosnas, a qué hora debía visitar el mercado para hurtar un melón sobrante, un rábano perdido y dos patatas abandonadas. Su talla era un don para ese trabajo, pues no debía doblarse para ratonar ni auparse para alcanzar un fruto. Hubo aquella primera semana representaciones, asistió a una comedia disparatada, la vida de cómico le pareció brillante. En un mesón cercano a la plaza mayor, donde celebraban tahúres y viciosos, halló convite. Hizo amistad con un caballero muy imponente, de habla escasa y recia, bigotes poblados, barba de gancho, tan cancerado por su afición que el naipe le quemaba las uñas y las cejas. Se llamaba don Luis de Azuquécar. Sebastianillo se ponía enfrente y le dictaba con muecas convenidas las cartas de los contrincantes. Para esto le favorecía su talla, pues sus ojos quedaban a la altura de los triunfos. Un día llegó tarde, don Luis se había arruinado y lo despachó a puntapiés, llamándolo aborto de mona. Después cayó en manos de unos estudiantes de leyes, aplicados aquellos días en preparar las bromas que es costumbre dispensar a los novatos. Iban de cacería por posadas y tabernas, y en cuanto los veían los esposaban, recitándoles muchas leyes. Luego les hacían juicio sumarísimo, del que resultaban reos. Las condenas eran crueles: los llevaban a escupitajos, a uno lo tonsuraron, como a fraile dominico, a otro lo emplumaron, como a bruja, a todos los desvestían, y por último, a cambio de la libertad —que es don preciado— y de la patente de cofrade —que era honor sin límites, según decían—, les desposeían de sus bienes. Les vaciaban arcones y cofres, y ante sus ojos desconsolados les confiscaban sábanas, calcetines laneros, camisas, chorizos, alubias y queso, todo lo que sus madres les habían preparado con esmero para sobrellevar el camino de la sabiduría. Y si alguno de los novatos daba en llanto le prometían salud para dentro de un año, cuando fuera veterano y llegara a la Universidad otra hornada de pichones. En esas burlas Sebastianillo tomaba parte con mucha diversión y gran beneficio. Su misión era de perdiguero: descubrir tortolicos y dar aviso. En una ocasión trabajó de juez, con elogio de procuradores, fiscales y corchetes. Nunca faltó a la hora del reparto del botín. Pero pronto vinieron los daños. Los estudiantes novatos le tenían jurada venganza, pues por ser más pequeño lo veían más a su alcance. Así es que Sebastianillo andaba con la barba al hombro, como se dice, con los ojos descarriados por las esquinas, fugitivo y medroso. Un día, en un descuido, lo prendió aquel estudiante tonsurado y lo llevó a casa de unos colegas —todos tristes, desplumados y fieros—. Le llamaban, con sorna, «su señoría». ¿Conocía aquel entremés del juez juzgado? ¿Sabía imitar al gallo, al perro, al burro, al chimpancé? ¿Sabía bailar? Uno, que aunque flaco por las hambres era corpulento, lo cogió por los pies, lo ató a una viga y empezó a mecerle la cabeza de pared a pared, como a un badajo, obligándole a cantar las horas. Vinieron después unas mujercillas o zurrapas, aunque se decían costureras, y quisieron medirle el zinguizangue, para hacerle una cofia, como les hacía gracia el tamañito, se lo destrozaban de tanto sobo. Otro estudiante, que iba para médico, empezó a tratarlo, que es tanto como entrar en la agonía. Le recetó pócimas vomitivas y le aplicó una lavativa capaz de hacer efecto a un caballo. Sebastianillo se quedó con tan recios retortijones que en vez de tripas tenía truenos. La noche fue larga. Ya de mañana, como no sabían qué hacer con él, cansados de ser valientes, lo bajaron a una cochiquera cercana y allí lo dejaron, andando a cuatro patas, figúrense con qué olor, y gruñendo recio.

Pasaban los días, menguaba la luz, se enfriaba el aire y pronto se alzaron de los ríos Pisuerga y Duero las nieblas. La vida volvía a sus cenizas y el hurón a su madriguera. El invierno se cernía y la prosperidad del otoño no era más que brillo pasajero. Porque la ciudad no era lo que fue. Había sido capital y corte, y ahora llegaban los años ruines a sangrarla, como a moribundo. Le abrían las venas, sin darle alivio. Iba despoblándose, en continua sangría. Peor que sanguijuelas son las calamidades que asolan el reino, las guerras, las pestes, la hambruna, las secas, los diluvios, las malas trazas de gobernantes y el desatino de los poderosos. Sálvese quien pueda, era la contraseña. Con ser esto así, y sin olvidar aquellas aventuras crueles, muchos años después don Sebastián de Céspedes habría de recordar con atacada melancolía aquella época. Los recuerdos de aquellos días abrigarían los pensamientos de su vejez. ¿No había triunfado, no era rico? ¿No dicen los poetas que las noches hacen desear la madrugada, y que vaya lo comido por lo servido? Cierto, cierto: no todo había sido de rosas. Pero al cabo aprendió oficio de sacristán, con las clarisas, que fue el primer escalón de su carrera. ¿Acaso los bufones no son como monaguillos de los reyes, los adoran y sirven, replican a sus latines y ejecutan sus gustos y ceremonias? Les abren paso, los acompañan y auxilian por el altar de la Corte, siguen al viático, tañen la esquila y todos se hincan y corean, según el rito. El sacristán gana obleas, sorbe vinajeras, rebaña cepillos. El Rey oficia y todos en la Corte son monagos. ¿Pues la hacienda real no es cepo? Allí caen los oros de América —que son caridades agradecidas de la pobre indiada, sin duda—, y las tasas de los súbditos —que son limosnas de la feligresía, siempre tan dispuesta con Su Majestad—. El Rey predica, los cortesanos apuran y el pueblo, devoto, dice amén. Pero esa es ceremonia que no concluye nunca. Y así, puesto que es inevitable, más vale estar de este lado, arriba, a donde llegan las ofrendas.

Como el invierno venía adelantado y crudo, y las puertas y los puños se cerraban, avaros, y el zascandileo por la ciudad deparaba más fatigas que regalos, fue para Sebastianillo una suerte iniciar su profesión con las clarisas.

Tenía techo, sobras calientes, algún caldo y trato afable. Por su talla menguada, las hermanas lo veían niño, pero por sus malicias lo creían hombre. Así que con este equívoco se solazaban mucho, porque daban ternura y recibían picardías. Las hermanas estaban contentas con él, y cuando se escandalizaban con algún dicho, algún gesto engañoso, alguna travesura contraria a las reglas, gritaban como grullas asustadas. Las monjas eran orgullosas y pobres, y las motilonas bobas y compasivas. Por navidades, para recaudar dineros, prepararon un belén viviente, con vaca y mulo, y Sebastianillo hizo de Niñito Jesús, recostado en una cuna, con escasos pañales, por lo que en los días siguientes padeció calenturas tan rigurosas que casi lo entierran. Sin malicia blasfema sor Asunción lo llamaba desde entonces el «Enanito Jesús». Todas esas cosas les alegraban, porque los tiempos tampoco eran buenos para la comunidad. Apenas quedaban protectores que abastecieran sus necesidades. La dote de las últimas novicias había sido miserable, y en el taller de bordados se recibían pocos encargos. Por algunas grietas del muro entraban el agua y los fríos. La leña escaseaba. Las caridades se contraían. Allí recluidas, el mundo de extramuros les parecía incomprensible y tenebroso, y le tenían miedo. Aunque también entre ellas se daban mezquindades, las penurias compartidas y el recelo a toda novedad les hacían protegerse. El convento era un corral de cluecas donde Sebastianillo halló protección y aliento de infancia. Ya desaparecían las brumas, llegaban los tibios soles de la primavera, que en estas tierras es tardía, y la compasión, que es amor entre infelices, se tornaba menos necesaria. Un día, en la calle de la Luna, Sebastianillo se encontró con un mercader de vasijas y cacharros que regresaba a Talavera. El mundo volvía a cobrar horizontes. Se alistó para la travesía. No quiso despedirse de las hermanas, por no ablandarse. Cuando abandonó la ciudad, la calandria ya cantaba en las acacias.

—Hablas de Sebastianillo como de un traidor, Domingo. Lo cuidaban y las abandonó sin despedirse. Estaría harto de melindres de monja.

—No se fue por ingratitud —dijo Domingo—. No eran tiempos aquellos para agradecimientos. Además, era muy joven, quince, dieciséis años.

—Hizo bien en marcharse. ¿No quería triunfar? ¿Qué podía esperar de las carmelitas?

—Eran clarisas —dijo Domingo—. Pero algo que allí vio lo añoró para siempre. A pesar de las rencillas y de egoísmos miserables, se vivía una paz de pobres, de personas sumisas. En la Corte, muchos años después, don Sebastián la echaría en falta.

—Bah, ¿y qué importancia tiene? Eso en las películas aburre.

—Quizás no —dijo Domingo—. Hay ambientes emocionantes que compensan algunas carencias. Imagínate: las monjas con sus hábitos blancos, sus rezos, alrededor del claustro, las celdas, los cantos delicados en la capilla, el silencio de las mañanas, la campanilla que voltea en la torre, un gorrión aterido que se posa en el ventanuco, la luz raída, la huerta rala, la alberca vacía...

—Eres un poeta, Domingo. Siempre quieres mirar las cosas de otra manera. ¿También querías ser el director de la película? Pues a mí me gusta la acción, la aventura.

—A mí también, pero las hay interiores, del alma —dijo Domingo—. Conocer el mundo, descubrir los sentimientos de los demás, palpar cómo cambia la vida con el tiempo.

—¿Y qué podía conocer con las monjas? ¿No eran simples, ignorantes? A lo mejor había algo entre ellas y él... Unas escenas eróticas, ¿eh?

—No.

—¡Las clarisas y el enano! Figúrate, Domingo, qué revoltijo.

—No —dijo Domingo con aspereza—. Ni una insinuación. Nada. Tal vez alguna ambigüedad, pero sin motivo.

—Bueno, no he querido molestarte. Perdona por lo de enano.

—Esas torpezas... —dijo Domingo—. En la historia de don Sebastián de Céspedes, quizás un serial de diez capítulos, podían entrar algunas escenas alegres, gozosas. A pesar de tanta hambruna y tanto dogma, el pueblo quería disfrutar, engañarse, olvidar. Pero don Sebastián de Céspedes fue singular. Por dentro llevaba un río atormentado. Yo creo que buscó siempre protección.

—Eso no interesa en las películas. No es una pasión. Lo cierto es que lo cobijaban las mujeres, las clarisas, la viuda de Talavera, aquella enana de la Corte. ¿Cómo se llamaba?

—Doña Catalina de Morales.

—Da igual. Y la Reina. Así que buscaba protección en las mujeres.

—Sí —dijo Domingo—. ¿Será eso el amor? ¿Búsqueda de protección?

—Esas películas a mí me aburren. Me acuerdo de una de Tony Perkins, que tenía un complejo, o como se llame, con su madre. Y luego era muy raro. Afeminado. Pero Sebastianillo no era un eunuco. Aunque de pequeño en vez de estar atado a las faldas de su madre estaba amarrado a una cuerda, en el corral. Como un cordón de esos, umbilical, pero entre gallinas y conejos. Tu personaje es muy confuso, Domingo.

—No.

—Te has quedado pensativo. ¿No quieres hablar, Domingo? ¿Te molesta recordar esas crueldades? ¿Y lo que consiguió después?

—No es eso. Esa peripecia es lineal, la piel de otra intriga. Sí, don Sebastián era contradictorio, como les pasa a los grandes personajes. También Olivares, doña María Ana, incluso Felipe IV, aunque con menos intensidad. Y pocos más. Damas, nobles, criados, lindos, clérigos, la mayoría de la gente de la Corte, no. Podían ser falsos, hipócritas, afectados. Pero yo hablo de una contradicción entre cómo se es por dentro y cómo se es por fuera, sin forzar la sinceridad. A los Reyes, al Privado, les obstaculizaba el cargo, el decoro de su puesto. A don Sebastián más que su papel de bufón, la obligación de serlo por su tamaño, por su estatura.

—No me aclaro bien, Domingo, pero todo eso parece fatalidad. Si no era eunuco, ni sarasilla, ¿qué mal había en que lo protegieran las mujeres? Podía ser compasión, o amor. ¿Eso es malo? Además, una vez hablabas de que él protegía a la Reina, porque era extranjera y muy joven.

—Sí —dijo Domingo—. Amar es buscar protección, y quizá dispensarla, todo a una. Pero recibir protección no es hacerse débil, desvalido. Y proteger a la amada no significa ser valiente y hombre seguro.

—Qué lío, Domingo. En el cine los amores o son apasionados o no son nada.

—En la vida las pasiones son contradictorias —dijo Domingo—. Por eso si se ejecutan satisfacen a medias.

—¿Ves? Te gustan mucho las frases complicadas, pero ahora te noto sincero. ¿No será que te acuerdas de Sara?

—Anoche tuve un sueño —dijo Domingo.

—Ya te distraes. Me vas a descubrir algo importante y de repente me hablas de otra cosa.

—Fue un sueño sin final.

—¿Te despertaste antes de acabarlo? Nunca me cuentas los finales. Claro que así siempre tenemos de qué hablar.

—Sí —dijo Domingo, recobrando la atención—. Sin prisas. Como si fuéramos en canoa, remontando la corriente de un río azul, muy limpio y frío. Yo voy recostado a popa, con una manta sobre las rodillas, fumando en pipa. Veo pasar las nubes altas, los bandos de alcotanes, los bosques de abedules, las rocas calizas.

—Como en una película de tramperos, en Montana.

—Sí, eso es. Todavía un mundo inexplorado. A la tarde llegaré: descubriré desde un recodo del río el humo azul, la cabaña, el embarcadero.

—¿Era ese tu sueño de anoche?

—No, no. Es una fantasía de ahora. ¿No me ves con los ojos entrecerrados? —dijo Domingo.

—Te conozco. Te das a las fantasías cuando quieres evitar un pensamiento, algo molesto.

—Creo que es primavera ya.

—Te gustan más las fantasías que los recuerdos. Como quieras, Domingo. Esta parece más alegre. ¿Por qué sale humo de la cabaña? ¿Quién te espera?

—Una india —dijo Domingo.

—Ah, me gusta esa película. ¿Con trenzas negras, morena, tan guapa como en el cine?

—Con trenzas, y un lazo en la frente, los ojos grandes, los dientes brillantes en la oscuridad. Como Jennifer Jones.

—¿Quién es? Bueno, es igual. Sigue.

—Botas, falda, casaca de ante, con flecos.

—Y te espera en el embarcadero.

—Así es —dijo Domingo, abriendo los ojos, algo burlón—. Y me dice al desembarcar, contenta: «Kalá kalá kaguaka.» Lo repite de nuevo: «Kalá kalá kaguaka.»

—¿Es un saludo? ¿Qué quiere decir?

—Y yo le digo, frente al horizonte de montañas nevadas, los picos nevados, el cielo azul, elevando la mano, como Clark Gable: «Kalá kalá kaguá, muñeca.» Y entonces ladra el perro, se oye el rumor del río veloz. Fin de la película.

—Bah, ¿ya se acaba? Sí, me gusta, de veras, pero qué más.

—Nada más —dijo Domingo.

—Alguna clave habrá. La india espera al trampero. ¿Quién es ella? Supongo que una princesa comanche, hija de Alce Veloz. Me gusta cómo te inventas personajes y aventuras. La vida de los artistas como tú da para muchas películas. Vaqueros, tramperos, colonos. Caravanas.

La caravana se ponía en marcha ya entrada la noche. Bajo el cielo estrellado, viajaban dormidos, acurrucados los cinco como una camada de cachorros, mecidos por el traqueteo y el chirrido monocorde de las chicharras, que hacían vibrar el aire sofocante de la noche como un sonajero. Sólo al amanecer parecían entibiarse los campos, recocidos por el sol implacable de agosto, secos y morenos como hogazas. Entonces los cinco rebullían en su guarida, sobre dos colchonetas, entre equipajes y canastas de mimbre, con el cuerpo cansado y adolorido. Llegaban a mediodía, bajo una luz cegadora. De lejos se oía el estallido de la cohetería, como una balacera de bandidos que cruzaran el pueblo, amedrentando la placidez del domingo. En el cielo crepitaba el humo azul de los voladores, doblaban en la torre las campanas y al acercarse a las primeras casas distinguían el chin tatachín de las bandas de música, la alegría de los pasodobles más toreros. Acampaban junto a la plaza, que en algún pueblo pequeño era una tapia circular de adobe o en un coso provisional formado por carros y talanqueras, junto a la era y las trojes. Pero el viaje podía durar hasta bien avanzada la tarde, y entonces les quedaba el tiempo justo: comían un bocadillo, bebían unos tragos del porrón, se refrescaban en la fuente, se vestían de luces y hacían el paseíllo. Al cabo de varias semanas, mes tras mes, acababan perdiendo la orientación. De Cuéllar a Motilla, el jueves en Alberique, el sábado en Plasencia, el domingo en Baza, todos los días, de abril a octubre, sin perder un festejo, en plazas grandes o chicas, en tentaderos o corralizas, por las dos Castillas y toda Andalucía, de Mojácar a Sanlúcar, por lo general cerrando las ferias, cuando aún quedaba olor a sangre en los desolladeros, boñigos y moscas verdes de caballo zumbando tenaces en los pasadizos en sombra.

Formaban una caravana de circo maltrecho y sin colorido. Sólo dos furgones, un autocar renqueante que en las cuestas manaba densa humareda y el Chevrolet americano de don Francisco, el empresario, que aparecía y desaparecía. En el autocar viajaban y dormitaban los bailarines y músicos que en los entreactos de la charlotada amenizaban al respetable con bailes andaluces, números de zarzuela y algún corrido mexicano. En los carteles se anunciaban como grupo folclórico «Los romeros de España», y sufrían más que nadie el celo pundonoroso de la Guardia Civil.

Los paraban en la carretera, les despertaban con brusquedad en la noche, los bajaban del autocar y a la luz de las linternas les revisaban la documentación. A veces eran escoltados al cuartelillo y a esas horas intempestivas, bajo una luz amarillenta, uno a uno declaraba su edad, origen, nombre de los padres, profesión, ¿ex combatiente?, ¿de qué bando?, ¿no tenían ningún hermano mártir de la cruzada?, ¿seguro que no habían salido de un campo de trabajo, en Aranda o El Escorial? A las mujeres les preguntaban si tenían marido, hijos, ¿estaban afiliadas al sindicato?, ¿ninguna de ellas había sido miliciana? En alguna ocasión habían tenido que esperar a don Francisco que avalara sus papeles y moralidad para salir del cuartelillo, subir al autobús y, ya con el sol en alto, continuar el viaje por los campos ardientes, donde braceros de pueblos del Sur se doblaban en los surcos con las hoces brillantes. En cambio la tropilla de enanos viajaba más libre. Tan sólo debían soportar la curiosidad de los niños y las bromas del mocerío más bronco que al atardecer, después de la corrida, cuando toda la compañía se sentaba a cenar, los convidaban a la fuerza y querían sacarlos a la plaza, subirlos al escenario, hacerles bailar, cantar, dar volteretas. Por la ventana abierta llegaba el clamor de los tomboleros, la alegría de los pasodobles, el gorjeo del vocalista que cantaba *María de la O,* el estallido de los petardos y el coro de joteros, abrazados y borrachos junto al mostrador. Antonio Rouco, *el Gallego,* daba las órdenes dentro y fuera de la plaza. Por algo figuraba el primero en los cartelones. Dirigía los lances de la faena, renqueante, vestido de esmoquin, chaleco rojo y sombrero de copa, y al final recogía las orejas y el rabo, saludaba en los medios y daba la vuelta al ruedo, seguido de toda la cuadrilla, devolviendo las botas de vino, las flores, los zapatos que arrojaban las admiradoras a la arena. Por escalafón riguroso, el resto de la cuadrilla lo formaban

Angelín *el Filigranas,* que se mudaba de atuendo a la hora de matar, mientras sonaban los clarines fatales: se calzaba zapatones de payaso, con los que trastabillaba y se dada enormes costaladas esquivando de milagro el acoso de la vaquilla; vestía pololos anchos, de modo que al levantar la espada para iniciar la suerte se le caían, vez tras vez, mostrando unos calzoncillos de carne con un sonrosado corazón en la nalga; por fin, tras muchos ejercicios de académicos movimientos de volapié entraba a matar por el rabo, picando al animal en los cuartos traseros, que se revolvía dando coces y brincos. Paco Robles, *el Niño de Guadaira,* era el más artista con la franela, el más torero, con aires de escuela rondeña, y para él eran los olés más clamorosos. Acisclo Domínguez, *Acis,* a pesar de sus piernecitas amorcilladas y en paréntesis, de grana y oro, sus colores preferidos, era quizás el más completo de todos: clavaba banderillas, tocaba el saxo, saltaba al lomo del animalillo como en un rodeo de Arizona, se adornaba con chicuelinas ceñidas, perdía los calzones huyendo hacia el burladero y arrancaba por su riesgosa osadía los ayes de susto más angustiados. El quinto era Domingo Gálvez, *Volteretas,* el más aniñado de cara, como advertía el público al destocarse la montera, y también, por su edad, el más ágil. Aportaba al espectáculo su reciente experiencia cirquera con los Campanile: malabares de bolos delante del torete espantadizo, cabriolas de peonza, destreza con el lazo de *cowboy.* Él mismo se tiraba al suelo, a cuatro patas, resoplaba, mugía, escarbaba la arena con la pezuña, reculaba y embestía bravo contra la vaquilla. En el último instante, antes del encontronazo, la esquivaba con un quiebro de gato. Sonaba el pasodoble *Manolete,* y en los tendidos el respetable reía, aplaudía, silbaba y era feliz. Al final, sudorosos y cansados, recomponiendo la figura, se calaban la montera sobre el cabezón, agradecían el triunfo, saludaban desde el tercio y corrían a los toriles para evitar que los sacaran a hombros. Temían a los admiradores: de caer en manos de aquellos mozalbetes los paseaban por las calles del pueblo y acababan magullados de tanto trote y tanto sobo. En todas partes corrían peligro de gratitud y gloria, y el jolgorio de salir a hombros por la puerta mayor. En cambio querían aliviarse del peso de la taleguilla, sacudirse el polvo, chapuzar la cabeza bajo un grifo y descansar un rato. Cenar en paz lo más alejados del bullicio, y ya entrada la noche subirse al furgón y emprender el viaje.

Fueron muchas temporadas así, ¿ocho, doce?, ¿hasta el año sesenta? Vieron en ese tiempo asfaltar carreteras bajo la solanera del verano, reconstruir puentes bombardeados en la guerra y entrar los primeros tractores en los trigales de Toledo. Vieron a los emigrantes dirigirse con sus maletas de madera a los suburbios de Bilbao, Barcelona y Madrid. Vieron llegar los primeros automóviles de turistas alemanes y suecos. La temporada acababa en Zaragoza, tras las fiestas del Pilar, con los primeros cierzos bajando por el valle del Ebro. Don Francisco daba una fiesta de despedida, y quedaban en verse para marzo, en la Magdalena de Castellón, o a primeros de abril, en Jerez de la Frontera. Antonio Rouco, que había ido envejeciendo sin perder el mando de la cuadrilla, pagaba de su bolsillo unas copas de aguardiente gallego, y se despedía más como un padre que como un jefe o compañero. A veces algunos volvían a encontrarse bajo las carpas de don Benito Castilla, durante la Navidad. El *Acis* invernaba en Vallecas y de vez en cuando coincidía con Domingo Gálvez en el Tentadero, el café de la calle Victoria, donde hacían tertulia las gentes del toro: novilleros, periodistas, apoderados, alguna primera figura de paso por Madrid, monosabios, picadores, muletillas y aficionados impenitentes. Entonces Domingo había conseguido algunos papeles ocasionales en películas históricas de Perojo y revistas de la Latina.

—¡Qué vida la tuya, Domingo! Triunfaste en todas partes. Y entre las mujeres más guapas de España: las vedetes. Siembre entre mujeres, como Sebastianillo.

—Don Sebastián de Céspedes fue en el fondo un solitario.

—¿También a ti te protegían? A él las monjas, a ti las actrices de revista.

—Don Sebastián de Céspedes empezó a sentirse solo cuando alcanzó todos los triunfos —dijo Domingo—. Tenía cincuenta y un años.

—Nunca entenderé a los artistas. El fracaso los mata, el triunfo los desquicia. ¿Por qué les pasa eso a las estrellas de Hollywood? A lo mejor es mentira, publicidad.

—Quizá porque los héroes son solitarios.

—Otro embuste, Domingo. ¿No están siempre rodeados de gente? ¿Tú te acuerdas de las películas de James Bond? ¿Es un héroe solitario?, ¿y aquel, cómo se llamaba, sí, Gary Cooper?

—Al artista lo aíslan los recuerdos y las fantasías. Hacen mala mezcla. Agua y aceite.

—¿Ya estás enigmático? ¿De qué quieres que hable contigo si no te entiendo?

—El tiempo pasa debajo de los puentes —dijo Domingo.

—¿Qué puentes? Empiezas así, a decir cosas raras y sin verme. Luego te agobias, te callas, dormitas y pasas malas noches. Ni cenas siquiera.

—Anoche tuve un sueño.

—¿Otro nuevo o el mismo de ayer? Yo creo en tus sueños. ¿No se los disputaban a Sebastianillo de Céspedes, y cobraba por ellos?

—Eran tretas de su oficio. Los nobles le pagaban. A don Felipe IV, que creía mucho en agüeros y milagrerías, unas veces lo inquietaban, otras lo apaciguaban. Don Sebastián se los interpretaba según su conveniencia. A veces para halagarlo, otras para vengarse.

—¿Y eso también lo metías en tu película? ¿No es un papel repugnante? ¡Engañar al Rey!

—La vida aprieta, eso pensaba don Sebastián. ¿Y no es trágico que muchas decisiones del Monarca más poderoso del mundo dependieran del sueño de sus hombres de placer?

—¿De quién? ¿Sus bufones y enanos? A ver si resulta que Sebastianillo fue un bribón, uno de esos golfos que se aprovechan de las mujeres.

—No fue un rufián —dijo Domingo—. Con su cuerpo y su ingenio se ganó la vida. Don Sebastián, antes que nada, fue un artista.

—Que tuvo que sufrir para triunfar.

—Así es —dijo Domingo—. Pero guardaba cierta dignidad interior. Sumiso por fuera, rebelde por dentro.

—¿Pero no estaba enamorado de la Reina? Como tú de Sara, Domingo. Igual. Preso del amor, los recuerdos, la pasión. Es inútil escapar del destino.

El destino sacó a Sebastianillo de Valladolid sin saber que nunca desandaría aquel camino. El campo era ancho, el cielo alto y los días largos, como llenos de novedad y aventura, aunque en poco variaban uno de otro. Viajaba en la carreta, arreaba los asnos y oía las lamentaciones de su amo. Aquella primavera, que a orillas del Duero reverdecía más hermosa que nunca, era negra para muchas gentes. Los graneros se habían vaciado. Los mercaderes de los caminos repetían malas noticias. A las puertas de la iglesia se arracimaba enjambre de pícaros, mendigos y pedigüeños con la mano extendida. El cacharrero maldecía la inoportunidad de su oficio, pues escaseaba la comida y el aceite y él iba ofreciendo ollas, platos y alcuzas. Así es que vendía poco y temía volverse a Talavera con la mitad de su mercadería. En Medina pasaron una semana, mientras el alcaller negociaba unos paños y mantas para revenderlos en Toledo y remediar así el fracaso de su viaje. Sebastianico se encargaba de descargar la mercancía, extenderla en el suelo y reclamar la atención de mujeres y ociosos. Por su condición menguada, menor que una tinaja, y sus pregones ocurrentes, animaba la calle, pero no las ventas. Después emprendieron el camino de Ávila, parando en aldeas y pueblos. Durante las jornadas de viaje se tumbaba en la carreta, con una paja entre los labios, escuchando los pájaros y mirando, por la boca de la lona, el cielo azul. Al cabo de dos semanas, por la vía de Cebreros, Almorox y Maqueda, llegaron a Toledo, que preparaba las fiestas del Corpus. Su amo le iba tomando ojeriza, culpándole sin razón de las magras ganancias. Se quejaba mucho, censuraba la holganza general y renegaba de la dureza de los impuestos. Llegó a encorajinarse porque Sebastianillo, mozo y libre al fin, tarareara entre dientes alguna copla. El percance mayor les ocurrió a la salida de Torrijos. Salieron temprano y como a la hora de viaje, cuando la carreta subía por la costanera de un pinar, que en aquella comarca son tupidos y frondosos, les alcanzó una tropilla de tres jinetes que les dio el alto. Aquellos tres corchetes los bajaron sin miramientos de la carreta, y los arrimaron contra un árbol, como si fueran bandidos. Luego comenzaron a revolver en las cajas y cestas, desordenando todo, y con su furia destrozaban muchos cacharros. No hallaron lo que buscaban. El alguacil, contrariado, inició un interrogatorio. Perseguían a unos ladrones que en la noche anterior habían vaciado la despensa del arcipreste, llevándose jamones, embutidos, cecinas y bandujos. El enano, a los pies del caballo, mirando a aquel hombre tan en lo alto y tan negro de ropas, enmudeció del susto, y el cacharrero, estaba paralizado por la cólera. Por fin, vista su inocencia, aquellos agentes de la justicia se dieron por satisfechos: pidieron disculpas, cogieron unos cobertores para recompensarse por la galopada y se despidieron. «¡Vayan con Dios!», dijeron, volviendo grupas. El suelo quedó hecho un cascajo de platos, tazas y jarras, Sebastianillo entre espantado y divertido, y aquel infeliz mercader dándose cabezadas contra una rama.

En Toledo los tiempos parecían prósperos. Bastaba ver los puestos abastecidos de frutas, con sandías rojas, cerezas maduras y fresas apetecibles. Eran días radiantes. La luz del verano en ciernes agrandaba la mole de las murallas y la fábrica del Alcázar, doraba los altos bodoques de la catedral. ¿Pues dentro?: la sorpresa de los bazares de la judería, el martilleo de fraguas y fundiciones, los umbrales abarrotados de los artesanos, la muchedumbre en las plazas, el séquito vistoso de los nobles en las callejas laberínticas y los pregones en Zocodover. Nadie se quejaba, como en los pueblos del camino, bien por orgullo o por falsedad o por no gastar inútiles razones. Y aunque todos vivieran, como en la otra Castilla, en la estrechez y la trampa, los toledanos parecían insensibles a la virtud de la compasión. Además, eran días de fiesta, que es decir de alegría y olvido, toda una tregua. Salían de las arcas sedas, brocados y rasos, se cubrían las balconadas con colgaduras, se alfombraban las calles de flores. Los caballerizos lustraban arreos, los maleantes perseguían talegos, las portezuelas se abrían y cerraban bien entrada la noche. Olía a pólvora, rosas e inciensos. Fueron para Sebastianillo días de asombro y fascinación. No sabía qué celebrar con más gozo. La procesión del jueves a mediodía, por las calles batidas de sol, mostró el fervor de la muchedumbre, el colorido de los ropajes, la riqueza de palios y candelabros, el fulgor de la custodia —un macizo monumento de plata, oro y pedrería—, la belleza de las voces cantoras, el alborozo de las campanas y el recio atronar de los tambores.

¿Y los juegos de caña? De la devoción recogida de la mañana al vocerío descompuesto de la tarde. Los jinetes debatían entre sí rancio prestigio de alcurnias —Vargas contra Silvas, Vegas contra Mendozas— al albur del caracoleo de los tordos; la estocada certera, el brindis más galante. El gentío, menos interesado por estos devaneos, aunque hechizado por el lujo de los jaeces, el colorido de las divisas y la vistosidad de la ceremonia, rebullía desde gradas y balcones cuando el toro corneaba el aire con sus finas astas. El enanillo, agazapado en el suelo, al pie de la talanquera, sentía horror ante aquella mirada brillante y aguanosa del toro, los ojos como dos bolas líquidas de espanto. Le desagradaba la boca espumosa de los caballos, sus belfos abiertos, su pateo inquieto. El toro llevaba las pezuñas desolladas, en carne viva, por las carreras y resbalones en las callejas enlosadas, acribillado con aguijones por los mozos, durante el encierro. El enano empezó a sentir vómitos cuando el rejón rompía el cuero, se adentraba en el macizo de carnes, abría grueso boquete por el que manaban arroyos de sangre roja. ¿Olía la sangre? Aquella herida palpitante le desmayaba. Luego al toro se le nublaban los ojos, humillaba la cerviz, boqueaba con la lengua fuera, lo sacudían los estertores de la muerte. Por fin se desplomaba, con rigor de miembros, entre vítores, pitidos, pataleos y palmas. Aquellas atroces impresiones habrían de persistir muchos años en la memoria de don Sebastián. No sin inquietud de ánimo se preguntaba por qué se sobreponían a otras muchas crueldades oídas y vistas, incluso padecidas. Había presenciado muchos juegos de caña en la Plaza Mayor, desde un balcón, tomando una limonada, aireándose con un abanico, con total indiferencia, quizá hasta con deleite. ¿Tanto había cambiado su mirada, antes espantadiza y ahora impasible? ¿Era el tiempo el que secaba el espíritu? Desde lo alto no se ven los ojos de las víctimas, de lejos no huele la sangre, apartado no se oye el último batir de la vida. ¿Acaso aquella pesadilla del toro moribundo le representaba su vida anterior, la niñez amarrada a una cuerda en el corral, los viajes, las hambres, los fríos, las calamidades de mozo, las burlas, las taras de su cuerpo despreciado? Ya acomodado, abonado al retiro plácido de su casa en la Cava Baja, le podía entristecer, en cambio, la noticia de un can golpeado, una bestia azotada, un gato maltratado. ¿No era esa compasión ruin? ¿Es que embargado por el descrédito en los hombres curaba su culpa con esos apocados sentimientos, indiferente al horror, sordo a la común desdicha? ¿Era estupidez incomprensible o maldad refinada? El duque de Medinasidonia, tan aficionado a la jardinería y a las aves, se condolía más si un bulbo se secaba o un mirlo se quebraba una pata que con los ayes de un lacayo apaleado. ¿No recibían mejor trato las jaurías de Palacio que los apestados del Real Hospital de Beneficiencia? La misma Reina, que tanta compasión sentía por los pobres y tanto se disminuía con un caso infortunado, se dolía al oír la tralla del cochero sobre las caballerías. «Españoles son crrueles», decía con sus erres rasposas, «quierren mal a animales». Y don Sebastián, tan compungido en privado, desataba la lengua, valiéndose de la impunidad de los bufones para airear verdades, y le replicaba, de modo que todos oyeran: «Peor lo pasarían los animales si tuvieran alma. Todavía la Inquisición no ha chamuscado ninguna mula en la Plaza Mayor. Una vez, ante toda la Corte, ardieron catorce reos, la misma tarde. ¿Fue en 1632? Uno de ellos era un truhán francés, para que no se diga que los españoles ejercitan su crueldad entre ellos.» Después, doña María Ana le dedicó un mohín de enfado. ¿Por qué el pispajo le decía cosas tan brrutas? Era un enano malo, un enano *peludo*. Esa palabra le gustaba mucho a la Reina. Le hacía gracia, y le servía para soslayar algún disgustillo o un contratiempo. Si algo le enfurrañaba decía *peludo, peludo*. Y al pronto deshacía el puchero, se sonreía. Tenía cosas de niña.

Pero las funciones del auto distrajeron a Sebastianillo hasta olvidar la amarga impresión de los toros moribundos. La fábula sacramental se representó dos veces, jueves y viernes, con el mismo éxito y concurrencia. Ya antes de la puesta de sol se poblaban balcones, soportales y graderío con más bullicio que devoción, con más alborozo que recogimiento. Porque unos comían y daban eructos, otros galanteaban, los vendedores pregonaban refrescos, los muchachos se perseguían, corchetes y pícaros se vigilaban. Y durante la representación, como en las comedias de enredo, se celebraban las maravillas de las carrozas, la riqueza de los ropajes, el ingenio de la trama, la belleza de los versos y el efecto de las músicas. Las figuras encarnaban al Demonio, el Pecado, la Avaricia, la Gracia, la Fe, la Muerte, la Gloria, y para unas había pitos, maldiciones y protestas y para otras ovaciones, palmas y vivas. A pesar de este jolgorio, las luminarias en torno de la plaza y el cielo, alto, estrellado, con el aire en sosiego, añadían misterio a lo que los ojos atónitos contemplaban. Sebastianillo, aun después de acabarse la función, seguía enajenado con aquel juego de ilusiones. El oficio de cómico le descubría nuevos mundos, ni siquiera entrevistos en sueños. La palabra, el baile, las ropas, el movimiento, todo era engaño y fingimiento de la realidad, como proyección de ella o, más cierto aún, su complemento. Igual que la escayola adorna y disimula la pobreza del adobe y el barro. El arte es la otra verdad complementaria. La vida es trama crujiente, descarnada, herida; el arte es barniz, cataplasma, bálsamo. Pero estos pensamientos no los elaboraría hasta muchos años después, con los fríos de la vejez acercándosele a los ojos, ya cincuentón. Entonces, con tales pensamientos inciertos y tan encendidas sensaciones zascandileaba por Zocodover, pasada ya la medianoche. No quedaban más de cuatro horas para el amanecer, pero los trasnochadores se refugiaban en mancebías y tabernas, o dormitaban al sereno, en escaleras y soportales. El enanillo merodeó donde los carromatos de los cómicos que, mientras mudaban sus ropas y limpiaban sus afeites, se enzarzaban en discusiones agrias por mor del reparto de unos dineros. Todos reclamaban al empresario y a la vez se insultaban entre sí. Alguno lo descubría cerca y hacía a Sebastianillo responsable de su cólera: «¡Oxte, enano, fuera!», le decía, espantándole. Así que no pudo enrolarse, como hubiera sido su gusto, en aquella tropa, y quedó defraudado al ver que quienes antes representaban figuras tan temibles o divinas se mostraban como verduleras zafias. Luego lo acogieron unos mozos necesitados de entretenimiento, le invitaron a un jarrillo de vino, que a esas horas era medicina. Cantó con ellos, hizo zalemas, saltó como un diablejo sobre las mesas recitando romances. Tras algunos zarandeos se entretuvieron en jugar unas manos a tanto el puño, que era adivinar el número de monedas que entre todos se sacaban de las faltriqueras, y porque le acompañó la fortuna o tenía más firmes los pulsos, se alzó con treinta reales de ganancia. Al final alborotaban y como la ronda andaba cerca, el enano se escabulló. Se encogió con posturas de feto junto a un muro de Santo Tomé. Pronto empezó la amanecida, con luz rosa, y como le despertó el mal cuerpo y el relente fresquillo, se puso en pie y buscó dónde desayunarse un caldo, tanteándose la faltriquera. Venía ya el sol de verano, y bajando por la calle Real le alcanzó una comitiva ruidosa, con traqueteo de ruedas, voces de arriero y campanilleo de esquilas. Era una carreta con tronco de seis mulas y detrás una carroza misteriosa, con visillos celando las ventanillas, tirada por cuatro caballos de buena estampa. Hizo trato rápido, lo alzaron a la carreta y se sentó entre dos mujeres, una dueña y una sirvienta joven. Iban a Talavera, donde vivía la señora, viajera en el coche con sus dos hijos. Se llamaba doña Blanca de Nevares, era viuda y aún joven. Pasaron la puerta de la Bisagra, entraron en el campo y el trote se hizo acompasado y monótono. Amarilleaban los trigales de oro y la tierra se recalentaba con hervor de abejorros. Crecía la mañana, y la fatiga y el sueño desmayaban el cuerpo de Sabastianillo, hasta que acunado por el vaivén se quedó dormido.

—Ya sé por qué duermes mal, Domingo. Porque por el día reprimes tus recuerdos. Luego tienes pesadillas.

—Anoche tuve un sueño sin final.

—Todos tus recuerdos acaban en Sara, pero no hablas de ella. ¿Qué pasó? Se te queda el recuerdo en la cabeza y por la noche te atormenta, como una carcoma ahí metida.

—Era la casa de Madrid, y había fuego en el piso de enmedio. Humo y llamas en las ventanas —dijo Domingo.

—¿Sólo en el del medio?

—Nada más —dijo Domingo.

—Ya está. Fuego en el corazón. ¿No está en el medio, aquí, entre la cabeza y los pies? Se te abrasaba el corazón.

—Y espantado yo corrí hacia el portal, crucé la calle, empecé a subir escaleras.

—Para salvar a alguien, a que sí, Domingo.

—No. No sé. Yo vivía en el tercero, sobre el piso en llamas.

—¿Y a quién querías salvar? Siempre se quiere salvar algo del fuego.

—No sé. No tenía nada que salvar, no recuerdo. Fue un sueño sin final. Pero quería llegar, subía las escaleras de dos en dos, angustiado.

—Piensa. Algo querías salvar, Domingo.

—Y en el primer rellano me encontré a Humphrey Bogart.

—Puf. Ya me pierdo. Los artistas siempre salís con sorpresas, Domingo.

—Con su gabardina, el sombrero, el pitillo en los labios, los ojos duros, inmóvil. No me dejaba pasar.

—No sería Humphrey Bogart. Alguien parecido.

—Me miraba. No me dejaba pasar —dijo Domingo.

—Alguien que te odiaba. ¿No sería aquel periodista que vivía con Sara? Fue tu rival, era tu enemigo.

—No se parecía a nadie.

—Pero Humphrey Bogart ya murió, Domingo.

—Humphrey Bogart era la muerte —dijo Domingo—. Eso creo.

A media tarde comenzó la desbandada. En el salón medieval, en el vestíbulo, en la plazuela enlosada, se improvisaban despedidas de ocasión, como en un torpe ensayo de actores principiantes: gestos desmedidos, idas y venidas atolondradas, palabras mal aprendidas. Pero anidado en el rincón de un sofá, desvalido como un tordo enclenque, Domingo aguardaba, reconcomido de desagrado. Tenía como una salivilla venenosa en la garganta, ahogándole. Muchos enanos y hombrecillos de placer son maledicentes y rencorosos, para así sobreponerse a su desventura, y entre tanta zalema y chiste esconden lengua escabrosa. A Sebastianillo lo temían por eso. Tenía pico de alacrán y aguijón de avispa. ¿Acaso no medró en la Corte por esas cualidades, que le hacían entretenido y temido a la vez? Y como era de natural despierto, quizás por las enseñanzas recibidas desde la niñez y de otros tantos sucesos contrarios, supo siempre dónde aplicar el bálsamo y dónde el diente. La vida es cacería, y la Corte bosque intrincado, y el conejo incauto perece en las garras del águila o a manos de raposos. ¿Recuerdan aquella escena, de grotesca comicidad, pero oportuna para mostrar la debilidad del Rey, el desgobierno del Estado y la mala estrella que se le apagaba al conde-duque? Su Majestad había amanecido con recio dolor de muelas, y a medida que se entraba la mañana se le iba la color, arreciaban sus quejidos y se descomponía como moribundo. Desgalichadas las ropas, inflamada la jeta, con ayes hondos, tan pronto yacentes como a pasos inquietos por la cámara, a todo decía que sí para al instante decir que no. Llegaron los doctores, pero los despachó a puntapiés, temiendo que le sajaran vivo con sus lancetas y tenazas. Pidió aguardiente para hacer buches y gárgaras, pues los alcoholes, al macerar las heridas, calman los dolores. Escupía en una jofaina salivas y flemas. En una de esas ruidosas gárgaras, sorbió unos tragos, y le sobrevinieron al instante vómitos y bascas que lo doblaron, y se hubiera caído al suelo si no lo hubieran sujetado manos solícitas. Recobrado un tanto de sus temblores, miró a todos con ojos de adiós y reclamó confesor. Fuera, a las puertas de la cámara, por corredores y galerías se reunían cortesanos, covachuelistas, mayordomos y damas. Los médicos aguardaban con sus maletines, y verlos era acrecentar los malos presagios. Llegó fray Pedro, y Su Majestad, que lo vio, se rebeló contra él y contra los demás. ¿Lo querían matar? ¿Era conjura, como de reyes godos? ¿Lo habían envenenado los franceses? Que llamaran a consultas al embajador. ¿Dónde estaba la Calderona? ¿Y su primer ministro, cómo no lo velaba a los pies del lecho, confortándole? ¡Lo dejaban solo, todos abandonaban a su Rey, como si llevara la peste! ¡Ah, qué ingratitud, qué desamparo! Y Su Majestad, sin mirar por el decoro, se deshacía en llantina y pucheros. Cierto que en aquel otoño le habían acometido mil aprensiones, y como era dado a milagrerías y agüeros desde siempre, reclamaba remedios antes de sentir los males. Así, extremaba los cuidados en los banquetes, y se rodeaba de muchos probadores que le catasen la bebida y los guisos, no fueran a envenenarle los judíos. Temía las corrientes de aire y cualquier señal le parecía presagio de futura dolencia. Al duque de Medinaceli, por su afición a las yerbas, lo había nombrado ministro de la Real Botica, y le encargaba mil preparados de pócimas y panaceas. «Hay que prevenir», aconsejaba Su Majestad. Y tal consejo corrió como orden por despachos y cancillerías, púlpitos y plazas. En todas las iglesias los sermones prevenían contra el pecado, el demonio y las herejías de iluminados. Y muchos ociosos, como turbados por los aires de aquel noviembre ventoso, ingeniaban mil trazas previsoras, desde cómo evitar terremotos a cómo conseguir el movimiento perpetuo, y un licenciado sabio y disparatado, que era asturiano, y que se jugaba la hoguera de la Inquisición, defendía la teoría del «trueque de humores, glándulas y vísceras». Era arbitrista peligroso, pues nada menos ensañaba escritos y dibujos, legajos y anotaciones, para remendar los cuerpos rotos de los hombres con órganos sanos trasplantados de vacas y carneros. Un poeta anónimo, en décimas aceradas, pedía a la Sacra Católica Real Majestad previniera la lacería del reino, que boqueaba de hambres, mientras Olivares medraba con los despojos, como gusano de cadáver. Se buscó culpable, dieron con don Francisco de Quevedo y lo enviaron a León, aunque, según otros rumores, lo encerraron en una mazmorra, más por cierto asunto con doña Isabel de Zúñiga, la esposa del conde-duque, que por sus sátiras y chascarrillos. Con tanta prevención, los ojos se volvían huéspedes, y se vivía con la barba al hombro, por miedo. La ingenuidad era sospechosa, y la malicia presentimiento. Entre tanto, las horas de aquella mañana corrían sin alivio para Su Majestad. Por fin, el conde-duque, con sus andares de elefante viejo, pues la pesadez de su cuerpo y la gota le entorpecían las junturas de los huesos, se llegó a los aposentos reales. Gozo y temor, todo a una, sintió don Felipe al verlo. No en vano desde niño había abandonado su voluntad en don Gaspar de Guzmán, primero preceptor confidente y padre, y luego amigo, consejero y compinche. Su Majestad se dejó convencer, como si el Valido, que le resolvía cuidados del gobierno y le protegía como escudo, fuera ahora a liberarle de los dolores. Entraron de nuevo los médicos, sacaron sus fierros, abrió Su Majestad la boca, hasta casi desencajar la mandíbula, ya de por sí prominente y pingona, y mostró, en trance tan grotesco si no fuera cruel, un flemón pustulento, del tamaño de una avellana. Hicieron concejo los doctores y acordaron con criterio unánime punzar, limpiar, sajar la encía y tirar de la muela. Esto que oyó Su Católica Majestad, y que se le acercaban con tenazas, leznas, agujas y bisturís, y que le iban a sujetar las manos, se vio destazado vivo, y entonces se alzó, voceó, amenazó y expulsó a todos de la cámara. «Ya demandará remedio, cuando arrecie el dolor», parece que dijo el ministro, y de seguido ordenó: «Tráiganle enanos.» Fue así como entraron a entretener a Su Majestad don Juan de Austria, mucho más vejancón que cuando le pintó Velázquez, Juana *la Pandorga,* Sebastianillo de Céspedes y otros. La tropilla estaba asustada, y no sabía qué hacerse. Mas pronto don Juan de Austria, con su voz herrumbrosa de gozne seco, dispuso todo para una pantomima de sainete. No tuvo éxito, porque don Felipe seguía sin atender, enfurruñado, la mirada abatida, la cara abrazada con entrambas manos. Entonces Sebastianillo comenzó a hozar como un gorrino, gruñir lastimero y revolcarse por el suelo. Presto entre todos lo sujetaron, como en los trabajos de la matanza, y lo acuchillaban, desangraban, abrían y descuartizaban. Su Majestad, del asombro primero pasó a mudar el semblante, aflojar el encono, olvidar su daño y reír con la bufonada. Entonces Sebastianillo dijo que era hora de empezar con otro gorrino, miraron todos a Su Majestad, que ya reía abiertamente, y que decía que no, y los enanos que sí, y él que no, y ellos que de cuándo acá un cerdo decidía su suerte, y lo amenazaban con sogas y fierros y simulados cuchillos afilados. Por fin lo tumbaron, saltándole como una jauría, y le hacían cosquillas, y con todo este juego Su Majestad había olvidado el dolor. Entonces, a un siseo de Sebastianillo, *la Pandorga* trotó a la puerta, se alzó de puntillas, tiró de la aldaba y llamó al doctor. Fue como visto y no visto, pues en esos escarceos y risas, el médico aplicó un sutil tajo en la encía dañada, ató después la muela con hilo fino y de un tirón certero la extrajo. Cesó la bulla y le mostraron a don Felipe el trofeo. No se lo creía, pidió un espejo, «¿no era burla?», decía. «No había sentido nada.» Se palpaba con prevención, vio en el espejo el hueco y la sangre, empalideció y tornó a quejarse. Pero notaba alivio. El doctor mandó que hiciera gárgaras y comiera, pues estaba débil. Todo fue para bien, y aquel día, a pesar de ser mozo, Sebastianillo ganó puntos en el trato real. ¡Que los enanos pongan sus manos menudas en las caras de los Reyes y decidan el humor de quienes gobiernan el mundo! Así es la Corte, donde se ve lo más admirable y contrario. Nobles gustan pasar por lacayos, ministros son rufianes, damas encopetadas juegan a verduleras, bufones dictan necedades en los oídos reales. El decoro se quiebra y el mundo rueda cabeza abajo. En fiestas, comedias y saraos nadie quiere su papel: los ricos hacen de pobres y los reyes se operan como gorrinos. ¿Pues el mundo no es así: simulacro y representación?

Domingo asentía, distraído. No era aquella la escena de su película que más le gustaba, pero tenía aparatosidad, esperpento y buen ritmo. Era, ¿o no?, una venganza de Sebastianillo. La venganza es muy narrativa, muy artística. ¿No se vengaba él con fantasías de la soledad? Mucho mejor eso que mirar en derredor y contemplar las pantomimas de adioses insustanciales, tan falsas. La espontaneidad nunca fue artística. Al contrario, la desgalichada naturalidad aburre, falsea, desacredita la vida. Domingo veía bolsas y valijas, despedidas afectuosas, besuqueos suavecitos, amor, hasta el martes, llámame, *chao*. Franco Varessi, con vozarrón destemplado, maltrataba a Mariella: un desprecio dominador al reconvenirle su tardanza, su desorden, su aspaventoso malhumor de niña caprichosa. Domingo creía ver un plató de actores inexpertos y vanidosos empeñados en mirar con descaro a la cámara. Oía el cierre de portezuelas, acezos de motor, arrancadas de coche cuesta abajo, hacia el pueblo de piedras antiguas. El tiempo, en esos trances de espera, era una insignia inútil en sus manos, una condecoración revenida prendida de sus ojos. Todos se iban. Y se ponía sentencioso, capitulando un testamento estético: a la vida le falta concentración: le sobran esos tiempos muertos de las películas, las secuencias anodinas. Había que reducir el Tiempo al tiempo útil, represar toda una vida al instante tenso que condensa horas, días, paramera de años. Toda una mañana cabe en una secuencia de dos minutos, un viaje proceloso en una despedida melancólica, un pasado irreversible en un sueño y un futuro interminable en una honda ilusión.

Domingo esperaba en su butaca, con el equipaje al pie, arrellanado en una concha de escenario viejo, ajeno a una interpretación confusa. O como ese autor olvidado en una butaca lateral, en la penumbra, traicionado, mordisqueando el labio, con toda la casa envejeciéndole por dentro, las vigas, las paredes, la vieja mirada, la cabeza vieja, temeroso de que el teatro se quedara sin voces, sin bultos, sin muebles, sin luces. Alto el techo, vacías las plateas. Todo su cuerpo era ahora un teatro despoblándose. Con el ademán abatido y noble se asoma a la boca del escenario para declamar palabras escritas para él: «Ya estoy solo. ¡Qué abatido, qué insensible soy! ¿No es admirable que un actor en una fábula, en una ficción, pueda templar a su placer el ánimo hasta que la declamación agite y desfigure su rostro, con lágrimas en los ojos, débil la voz, acomodadas sus acciones a los que desea expresar?» Así, con la magia de palabras perdurables y afectadas, en teatrillos de sábados o en sesiones luminosas de Milán o París, intemporalizaba una antigua sed humana. Eso era ser artista: desertar de lo fútil, proyectarse sobre lo espontáneo, llenar con la protesta y el gemido los espacios vacíos, de la butaca a la alta lámpara, estremecer los abalorios de las noches fascinantes e inmensas. Verdad, oh amada Desdémona. Pero aun en esas ráfagas de calurosas ensoñaciones, apenas entretenía un rabioso fastidio. Descruzaba sus zancajos para adquirir postura cómoda o enderezar su hechura de muñón. Apenas palabras ocasionales distraían sus fantasías.

—¿Te vienes, Domingo?

—Me voy con Sara.

¿Adónde? Viajar, no llegar. Sabía lo que le esperaba al llegar a casa, a su guarida, como cuando muchos años antes, al acabar aquellas giras por las plazas de toros se deshacía la compañía, el otoño frío los dispersaba y cada mochuelo volvía a su olvido. El lento ascensor con sacudidas en cada piso, los ladridos de *Gascón,* sus arañazos tras la puerta, sus ladridos mientras el llavín giraba en la cerradura, sí, sí, *Gascón,* ya estoy aquí, su agobiada impaciencia, para, para, *Gascón* no seas bruto, sus zalemas desmedidas abalanzándose contra mi cuerpo, me echabas de menos, ¿eh, tontorrón?, y me impedía arrastrar las maletas por el pasillo oscuro, aturdiéndome, como si pretendiera ocultarme la soledad de la casa, los recuerdos estampados en cuadros, fotos y trofeos, el tamaño de la orfandad entre los muebles pequeñitos y los techos altos, aquella provisionalidad de camerino desportillado de teatrucho de provincias. Parecían excesivas las atenciones de *Gascón,* su dependencia sumisa, su servidumbre necesitada y sus alardes de alegría, pues, ¿acaso es de otro modo el vivir de los bufones y hombrecillos de la Corte, que con mil gracias y pamemas, y aun insolencias atrevidas, simulan su humillación y pequeñez? Espera y (des)esperanza.

Domingo esperaba a Sara y a Merino. ¿Por qué tardaban tanto? ¿También Sara aborrecía llegar a casa? El trabajo le venía bien para superar las crisis depresivas. Para la próxima semana Sara tenía previstas bastantes invitaciones: una probable entrevista en televisión, un desfile de modelos, quizá la firma del contrato teatral, las visitas al centro de rehabilitación de Alcalá. Aquella semana de rodaje en el Parador de Sigüenza le había venido muy bien para olvidar la obsesiva acusación de culpabilidad por la enfermedad de su hija Inés. Una noche, a eso de las dos de la mañana, repiqueteó el teléfono de la habitación.

—Sara, es para ti —dijo Merino—. La policía.

—¿Cómo?

El corazón, sofocado, le bombeó presentimientos de zozobra. «¿Diga?» «Sí», pedía un pitillo por señas, deprisa, «sí», «sí», se quedaba paralizada, «sí, ahora voy», dijo, antes de colgar el teléfono. Fue todo muy precipitado: ponerse el chaquetón sobre los hombros, salir de casa, subir al coche de Merino, recorrer las calles, cruzar el pasillo tétrico y mal iluminado, con ese aire inquietante de comisaría. Inés era un bulto en el sofá, temblorosa, arropada con una manta, encogida en posición fetal por los dolores de estómago, un bulto tembloroso y con estremecimientos de escalofrío.

—Está con el *mono,* señora —dijo el policía, con explicación de rutina.

—¿Está muy mal, muy enferma? —Sara paralizada, incapaz de abrazarla, Dios santo, qué aspecto, ¿Inés aquel pingajo?

—El síndrome de abstinencia, señora. ¿Es su hija?

—Sí, sí...

Sara se acuclilló ansiosa junto a la cara de Inés, le retiró las greñas, la acarició con indecisión. Inés tenía la cara pálida y la piel erizada, los labios temblorosos, como si fuera a castañetear los dientes, moqueaba, y los ojos, desorbitados, lagrimeaban agüilla fina. Sara levantó la cabeza hacia el policía: no sabía qué hacer.

—La debe ver un médico. Puede llevársela, no está detenida. Pero antes cumplimente unos datos, haga el favor. Su hija es menor de edad, ¿no?

—Sí, sí —dijo Sara.

Seguro que Merino se aprovechó de aquellas circunstancias, pensó Domingo. Porque, ¿qué había visto Sara en él? Merino reunía los méritos de una camada generacional al borde de los cuarenta, con el currículum laureado por hazañas de disidencia-lucha contra el franquismo. Era redactor de *La Crónica* y sabía conspirar con traje crema de lino ante un guiso recomendado por la guía *Michelín* sobre la calidad y la bazofia de la cultura en España: decisivas las páginas de su periódico para alzar genios y entronizar conductas. A los postres, tras las oportunas disquisiciones sobre los caldos afrutados del Penedés, podía acometerles la nostalgia generacional: ¡aquellos años del compromiso, luchador de las fuerzas de la cultura —*sic, sic*— , firmantes de manifiestos por la libertad y la democracia, ataviado de ideas claras, ilusiones macizas y barbas, bufandas y panas, antes de hacerse catecúmeno del desencanto, a medida que se hacían inservibles los títulos, las cicatrices, las ilusiones juveniles. El martes firmaba su columna en la última página, compartida, los demás días, con Flor Madero —que no escribía sobre ningún asunto que no fuera de cintura para abajo—, Luis Puerto —que ambicionaba ser el Caro Baroja de la moderna brujería informática—, Rafael Castelló —de palabra mágica y pensamiento abrasivo—, y otros malabaristas del ingenio obligados a (r)izar el rizo a partir de la anécdota insustancial, de vuelta de todo, develadores, contra la chusma sarracena, de las costras (m)orales de la (s)ociedad española. Matuteros de novedades importadas se miraban en el espejo para recibir lecciones de Woody Allen y revolverse adoctrinadores sobre la cibernética, la novela policíaca, los refajos ibéricos, las nostalgias ocres del café Gijón, y descubrirnos que todos los españolitos fueron franquistas amodorrados y perseguíamos en calzoncillos a Nadiuska por las alcobas del piso hipotecado, pero capaces de alcanzar un premio de interpretación en Cannes a poco que la coyuntura política favoreciera el cine de calité. Porque ellos fueron los primeros que viajaron a Europa, amaron a una sueca, fumaron un canuto de hachís, leyeron a Bukowsky, se identificaron con la Maga y el Oliveira de Rayuela y leímos asombrados en los muros de la Sorbona las consignas inconformistas que embalaban de sentido reconfortante los pelotazos de goma de los policías en las algaradas callejeras, aunque algunos, tras la flojera del desencanto, se arrimaban a folclóricas y flamencos, editorialistas de *ABC* y académicos artríticos, camino de los jardines de la Zarzuela, con la preciada invitación en el bolsillo. Sara, Sara, por qué le hacías caso, si todo lo de Merino era trivial y efímero, sin arte: ni un gesto, ni una mirada, ni una palabra, ni una escena, ni una emocionante invención.

¿Por qué tardaban tanto? Domingo se paseó por el vestíbulo, visitó los servicios, curioseó por recepción, consultó a menudo el reloj. ¿Sebastianillo era rencoroso? A fe, que el resentimiento es pasión secreta y tormento en quien la sufre, y dañino mal. Es teatral y poco cinematográfico. Está al final de una larga decepción, de un fracaso cruel, quizá camuflada —es pasión silenciosa y quietista— en falso por directores retóricos tras escenas desgarradas con diálogos brillantes, acusaciones hirientes, voces y sorbos de *burbon*, pastillas de suicidio, escapadas temerarias en coche, a altas horas de la madrugada, ¿quién teme a Virginia Wolf? Pero el resentimiento y la decepción son comezón lenta. No es preciso buscar sus causas en la poquedad del enano, su complejo de tullido, su voz de niño, sus menguas en el natural del cuerpo. Son nacaración postrera de hombre introvertido, perla agria que el tiempo engorda con calma entre sus valvas, porque Sebastianillo, como otras gentes, ni se rebeló ni se acomodó por entero en holgado abandono. Así, Domingo, despojado de las fantasías cortesanas de su personaje, recelaba en la espera: en la noche ansiaba el día, en la partida el regreso, en la soledad la compañía, en casa la aventura libre de los caminos. La verdad del artista es superior y aunque nada definitivo aclara, todo lo oscuro ilumina. «¡Y yo soy artista!», se decía Domingo: esa ilusión de viajar y quedar, ese vértigo contradictorio del tiempo detenido y en marcha. Se ama la vida porque es finita y nadie la puede prolongar más allá del tiempo que le es dado, y en eso reside la apetencia de las cosas. ¿No es la juventud breve soplo y entre tanto se aprecia el vigor y la destreza porque son efímeros? La realidad es pobre y mezquina, los usos cotidianos discurren desprovistos de azar y prueba, y por eso hay que fabularla, con el vértigo de viajero inmóvil, con el mareo de la incertidumbre. Actuar es viajar. Una de las fantasías más disparatadas de Domingo era verse al mando de una goleta, ataviado de capitán dieciochesco entre la chusma piojosa, con modales exquisitos de sir. Le agradaba la casaca con galones, là peluca nevada, la inhalación de rapé, las vagas inquietudes de los libros de Juan Jacobo y el color del oporto en la vitrina del camarote. Allí pensaba refugiarse durante las horas más calmas de la travesía, y alguna noche, después de advertir la inquietud del mar sin fronteras, regalarse en la lenta embriaguez que diluye las zozobras. Le encantaba la soledad de los grandes navegantes, curtida por horas tan dilatadas, el brusco atardecer de los trópicos, el desperezo lento del alba en aguas frías, doblado El Cabo. En la bodega estabulada la canalla greñuda entonaba una vieja canción sin porvenir. Un chino fumaba opio y el cocinero cantaba borracho, una y otra vez ron, ron, ron, la botella de roon. Algunos indolentes marineros, quién sabe si cansados de soñar con un motín muy cerca de las islas Bahamas, recordaban la chalupa que los acercó deshidratados y enloquecidos a las playas de Point-à-Pitre, donde nos ofrecieron bananos, papayas, alcohol de maíz, tabaco y una hamaca para las horas sofocantes de la siesta, pero ellos persiguieron hasta el borde del tremedal a las negras más jóvenes, y las tomaron por la fuerza sin soltar de la mano el machete. El capitán Domingo de Gálvez, desconfiaba de la tripulación desde que largaron amarras en Cartagena de Indias, y pensativo entre las caobas del camarote, taconeando en las maderas del suelo, iba y venía cavilando recursos astutos contra las pruebas de una travesía tan larga y procelosa. Zarpar así era despedirse de verdad, como sentir en la palma de la mano la víscera del tiempo recién desollado, bajo los gritos penetrantes de las gaviotas inquietas, de color perla el mar, algo plomizo a sotavento y con espumas que anunciaban remoción de los fondos. Sonaban las lonas como apaleadas por el granizo, en tanto los cabos crujían como tensados por las recias voces de mando. A la otra punta del océano, tras las cortinas del ventanal, en la verde campiña inglesa, lady Christine aguardaba con la melancolía preocupada de Sara, tal vez con la sexual desgana mulata de Sofía de Hugues, quizá con el rebelde gracejo de doña María Ana, que quebrando el decoro de su real condición se conducía a ojos de Sebastianillo de Céspedes como niña prisionera, débil y emprendedora a una, expatriada en esta corte de castellanos orgullosos y severos, vainas y atormentados. El capitán Domingo Gálvez, inhalando unos polvos de rapé, se atormentó por un instante con la visión sorprendente que le encadenaba a una aspiración imposible. No era locura por actos heroicos, ni estima del esfuerzo requerido para sobrevivir a las tormentas, a los ataques y motines, a la desdicha de los hombres perdidos en islas desoladas. No era valoración de las fatigas del cuerpo. Era ver pasar el Tiempo transatlántico e incontable, su plural presencia y destrucción que sin embargo perdura más que la vida de los hombres. El tiempo es viento alto que empuja el velamen remendado por antiguas travesías. La goleta cabeceaba ya cerca de la bocana. El alcázar se había remozado con colores nuevos y el mascarón lucía barniz reciente, y los caciques parecían bien sujetos a la borda, pero el grito hiriente de las palomas se llenaba de sentidos sin rumbo. ¿Presagiaban sucesos imprevistos? ¿Desbarataban sueños apátridas? ¿Avisaban la caída de los privilegios, la toma de los salones cortesanos? Porque en la otra orilla del mar, lectores emboscados de *El contrato social* difundían al oído rumores inquietantes de que al mundo sólido de siempre se le abría una vía de agua, y nadie aseguraba ya por cuánto tiempo se podría achicar la salpicadura revolucionaria. A lo lejos, a levante, caía la noche mansa, y los galpones portuarios eran un fortín oscuro, una sombra inquietante.

—¿Todo en orden? —preguntó el capitán don Domingo de Gálvez.

—En orden, señor.

—¿Preparados para zarpar?

—Preparados, señor.

—¡Larguen amarras!

Por fin, se iban. Domingo había trepado al asiento de atrás del coche como un gozquecillo acostumbrado a la rutina del paseo. Conducía Sara, pero Domingo sólo podía verla al sesgo, la cara y la pañoleta de colores; a su lado iba Merino, del que sólo veía la nuca sobre el reposacabezas del asiento, ajeno, como un contramaestre confabulado, a su insignificante presencia de polizón. Por la escotilla, Domingo veía pasar los aleros repujados de piedra, las balconadas nobles, los portales enrejados de Sigüenza, hasta que salieron a los arrabales polvorientos, y luego de cruzar un paso a nivel, la carretera se ciñó al monte. Zigzagueaba entre quebradas cárcavas, un terreno inhóspito, asolado por fríos y calores, apenas con cuatro yerbajos ralos entre los roquedos amoratados. «En una de estas —comentaba Merino— a Vidal Solana le dan un premio en Berlín y tenemos de la noche a la mañana otro genio frustrado por la mediocridad del cine español.» Domingo se hacía el distraído, dócil, obcecado en su silencio enfurruñado, distanciado a medias de la conversación y del paisaje. Ahora la carretera era ancha y arbolada, y discurría recta por una meseta parda. Los grajos escarbaban en los caballones de sembrados. Un vallejo, hacia el Norte, se partía por dos hileras de chopos desmochados, escoltando un riachuelo.

—Cenamos en la Hacienda Polanco —decía Merino— y luego fuimos a la plaza Garibaldi. De verdad, muy bien muy bien. Los mariachis nos tocaban *La Negra,* y los mexicanos, ya sabes, con esa tragedia y sensualidad tan suya. Nos fumamos unos canutos de marihuana que nos daban otra sensación del tiempo.

—¿No estuviste tú en México, Domingo? —preguntó Sara, ladeando la cabeza.

¿Debía responder o hacerse el sordo?, porque esa pregunta, así, no era hacerle suficiente caso. Tampoco tenía ganas de recordar varias campañas con la compañía del «Torero Chino». Estaba valorando el papel de los personajes taciturnos en el cine. Podía perfilar así a Sebastianillo. ¿No sería exagerado darle una instalación trágica, de olmeca desposeído que conduce una recua de asnos por los campos resecos de maguey, esos cactus erguidos hacia el cielo con un capullo cerrado del que nace el pulque, como esperma, que encorajina y entristece? Vigilante, acechante, Sebastianillo, del tiempo, pero sumiso y maniatado como un indio de ojos grandes. ¿Cuántos han sabido mostrar en el cine la tristeza confusa de los perdedores? Tristeza, ahora, en Domingo: no angustia, o tedio, sólo un cierto repulguito superficial de enfado. Tristeza, como un pan. Los personajes profundos de novela han de ser complejos, pero no contradictorios, pero Domingo lo era, Sebastianillo lo era, y debían los guionistas meterle una cirugía de maldad: de criminalidad. Así: ¿hacia dónde conducía Sara —más expresiva, más delicada, más grácil, menos modelada que Lana Turner: Bah, no era su tipo— el Packard negro, aterrorizada, llorosa, alucinada, por la carretera solitaria y montañosa, huyendo, con frenazos y chirridos temerarios, abocada en cada curva al precipicio, a las barrancas, bajo un cielo fosco y tormentoso, que se partía con rayos súbitos, el aguacero golpeando en la capota, los faros contra árboles y rocas, balizas y vacíos, la música crescendo a golpes obsesivos, vertiginosos, a punto de, ¡corten!, ¡corten! ¿No huía de Merino? ¿No le había empujado este a la locura, a la irracional desesperación, la huida suicida, el muy canalla? Pero la siguiente escena se desvanecía en luz mientras la cámara avanzaba sin prisas hasta la cama, las blancas sábanas, la blanca cara, la blanca mano, los párpados que se despegan heridos por la luz y el olvido.

—Soy yo, Sara. Ya pasó todo, Domingo.

¿Comprende? Sí, lo dice su débil sonrisa, el bienestar con

que pliega ahora los párpados, la desmayada mano que le aprieta delicadamente. Y después de unos instantes, repuesta la mirada (la cámara enfoca la cara de Domingo: primer plano intenso), es el momento de una frase mitad ingeniosa y trivial, mitad lapidaria e inolvidable.

—No te puedes desprender de mí, nena. (Pausa: expulsa bocanada de humo; con dureza.) Muñeca, soy de la materia de que están hechos los sueños.

Sólo faltaba explicar el destino de Merino: ¿muerto en una de sus trampas?, ¿detenido por la policía?, ¿engañado por el perseguidor del halcón maltés? ¿Sebastianillo podría haber llegado, por celos, por venganza, a matar? Domingo, no. Eso pasa sólo en las películas. O sí. No, no. Sara, Sara, ¿por qué este viaje sin esperanzas, acrecentada la tristeza, en su rincón del asiento de atrás, como un paquete, ante el campo con el color ennegrecido del invierno, el cielo frío, la sordidez del callejeo de circunvalación por Alcalá, los embotellamientos de la entrada en Madrid, las luces irritantes, aquella inmediata celebración zalamera de *Gascón,* que lo recibía como a su amo, su provisor, su héroe? Sara, Sara.

—Lo bueno es cómo se enriqueció. A mí me gustan las películas que acaban bien, la gente prospera y se hace rica.

—Es una larga historia —dijo Domingo—. Ahora me da pereza contarla, con esta calma. Ni una hoja se mueve. Como si estuviera en un junco chino, en un lago. ¿Qué mes es el más plácido en China?

—No quieres recordar, Domingo. ¿Hay enanos impacientes?

—¿Cómo es el tiempo en China? ¿Más ceremonioso, más antiguo, más sabio? Un lago de tiempo, y yo reposando en un junco quieto.

—Tienes que acabar la historia de Sebastianillo. Lo sé. Hay algo que no quieres contar. Cómo se enriqueció, Domingo.

—Me gusta ver a don Sebastián de Céspedes con camisa de raso, jubón de terciopelo negro, cintillo y cadena de oro. Un anillón en el dedo. Como un rubí.

—¿Ves? Era rico. ¿Cuándo empezó a trabajarse su fortunita, cuando entró en el Palacio? ¿El día que llegó a Madrid?

Tenía diecisiete años. Al cruzar la puerta segoviana rebulló como marinero sin retorno. Venía fatigado, con séquito de desdichas, pero dispuesto a mudar de fortuna, pues cambiaba a tan lindo lugar. Viajaba como bulto de bacalao, acomodado en un carro de conservas y salazones, con unos arrieros asturianos. El tiro se paró con estrépito de cascos y blasfemias en el arrabal de San Antón, donde moraba el asentador. Allí se apeó, se despidió con gratitud, pues los asturianos, aunque rudos y burlones, lo habían tratado bien. Madrid es playa para todos los náufragos. Hacía frío crudo, y dejaban atrás días de barro, helón y cellisca. Iba, como se dice, con lo puesto: camisa de ferreruelo, jubón de bayeta, gabán de muchos remiendos, medias de carne, zapatos con risa y un hatillo con seis reales, un bodigo y una mantilla borriquera. Había poco de que asombrarse, si no era la variedad. De zascandil por la Puerta de Sol, que es encrucijada del reino, dio con un valiente de las guerras de Flandes, la cara hecha un zancajo de búas, como un queso agusanado y mohoso, y ambos se encaminaron al convento de los frailes mercedarios, donde servían la sopa boba. «No hay nada como la olla. Digan lo que digan», comentaba el soldado, sorbiendo el caldo con estrépito y deliquio, como si así le sacase más sustancia. «Suerte tenéis, Sebastianillo —decía el soldado—, que sois enano y a buen seguro que con media ración quedáis harto. Malos tiempos estos para gigantes.» Y aunque bastante infeliz y muy hablador, lo único que pretendía era que le escucharan sus fábulas gloriosas de Flandes, Normandía y Milán. Se vencía el día con aquella tristura y suciedad de los días invernizos, y juntos fueron a un pajar paredaño a la fonda del Cordobés, donde buscaron lecho sobre paja, pinchos y pulgas, entre un viejo soñador —hablaba a cántaros, entre ronquidos, por falta de dientes— y otros desharrapados.

—Como en las películas americanas. Empiezan de limpiabotas y acaban de magnates del petróleo. Eso me gusta, Domingo.

—El sueño americano. Los sueños americanos son triviales.

—Pues en las películas americanas dicen que lo más difícil es ganar el primer millón.

—Será verdad —dijo Domingo—. Hoy el mundo está lleno de verdades norteamericanas. A los yanquis les interesa más el resultado que el proceso, por eso su arte es primitivo, superficial y muy ágil. Son mecánicos y prácticos, como los romanos: van por ahí construyendo puentes y acueductos y esquilmando los graneros de las provincias imperiales. En cambio los artistas europeos somos griegos.

—Antes te sentías un chino milenario.

—La fantasía es versátil y nos acerca al mundo fingido que queremos —dijo Domingo—. Cuantas más cosas nos rodean, tanto más nos conviene. Yo estoy hecho de ilusión. Ilusión como agua en un cesto de mimbres, se me va escapando, escapando.

—Ya no te entiendo muy bien. Me pierdo.

—Sí —dijo Domingo, sin oír nada, ensimismado—. Las maneras descansadas, la paciencia, los ojos expertos de los chinos, eso es lo que ahora quiero. Los chinos hace siglos que saben su destino.

—Todo lo mezclas, cuando no quieres sujetarte a los recuerdos. Y todavía hay dos enigmas que me reconcomen, Domingo. ¿Qué pasó con Sara? ¿Y cómo fue aquel amor de Sebastianillo con la reina María Isabel?

—Doña María Ana de Austria. La segunda esposa de Felipe IV.

—Es igual. ¿Qué pasó, cuenta? No me hagas sufrir tanto.

—Estoy algo desganado —dijo Domingo—. ¿Aquello no es el embarcadero? Parece un sitio apacible: las fogatas, los sauces, el humo azul, el olor a pescado asado. Y una algarabía de conversaciones chinas, como de pájaros al anochecer. Veo muchas barcas atracadas, algunas con nombres descoloridos, las maromas deshechas, los cascos podridos. ¿Qué laguna es esta, que invita y desanima, todo al mismo tiempo, a llegar a la orilla?

—Mezclas delirios con fantasías, Domingo. ¿Te ha subido la fiebre? Así que Sebastianillo durmió en un pajar, la noche de su llegada a Madrid.

A la mañana siguiente Sebastianillo buscó rumbos por soportales y calles, como perdiguero sin amo. Dejó la compañía de aquel soldado infeliz, que seguía durmiendo a pierna suelta, pues la de palo la tenía en sus brazos, quién sabe si para que no se la hurtaran o para avivar unos sueños disparatados. Después, al parecer, se ganaba los cuartos pidiendo en la puerta de Guadalajara, mostrando sus muñones de guerra y cantando en francés un rondó o un virolé, que añadían extraña verdad a sus desdichas heroicas. Andaba Sebastianillo a la flor del berro, un poco admirado del bullebulle madrugador y muy destemplado por el frío y las hambres en aquella ciudad que era como una gusanera en cuanto el sol escarbaba con su luz en ella, cuando hubo de apartarse de un saltito para no ser alcanzado por los cascos de un caballo. Lo miró como si viera la torre del Alcázar, tan alto y erguido era el jinete. Tenía la barba rubia, vestía todo de negro, y ya pasaba de largo cuando detuvo el corcel, se ladeó y lo examinó como quien ve una lagartija en un sendero.

—¿Cómo te llamas?

—Sebastianillo de Céspedes, señor.

—¿Cuántos años tienes?

—Dieciocho. O los que convengan.

—¡Hola, qué servicial! ¿Y dónde moras?

El enano levantó los hombros, con desgana, pues la vida ya le había enseñado a guardarse las palabras antes de averiguar las intenciones. Al caballero no pareció gustarle el silencio.

—¿Es secreto? —dijo—. Será secreto pequeño —añadió, riéndose, al comprobar que Sebastianillo no le llegaba al estribo.

Tenía voz bizarra, risa franca y palabra recia. El potro braceaba nervioso, y Sebastianillo, que siempre fue malhumorado por las mañanas, y que no se mordía la lengua ante burlas despiadadas, dijo arriesgando en el envite su mejor as:

—Señor, soy hidalgo montañés. No hay más que decir: de linaje de los godos. Vengo a la Corte a hacerme cargo de mis casas, palacios y ejecutorias.

El caballero contrarió el ceño, pero debió considerar la poca cosa del provocador y al punto celebró aquella salida con risa. Tiempo después Sebastianillo habría de conocerle su temperamento extremado y fogoso, muy variable, capaz, como el tiempo en abril, de mudar el coraje turbio por la alegría animosa. Tras otras preguntas y respuestas, allí Sebastianillo empeñó su libertad: aceptó servirle de sollastre o paje o bufón o confidente o lo que se le mandare. Estaba entonces muy confundido en ciudad tan abigarrada, aunque con trazas de poblachón manchego, solo aterido en puertas del invierno, y muy hambriento. Así entró al servicio de don Juan de Tassis, conde de Villamediana, noble, poeta, galán, tarambana y jugador. Su casa daba a la misma plaza de Santo Domingo, y allí se acomodó Sebastianillo. Pasaron dos semanas sin que apenas viera al amo y sin recibir ningún encargo, hasta que una mañana lo llamó. Le desagradó a don Juan que apenas supiera leer y escribir, y esto porque algo aprendió en casa de aquella viuda de Talavera, de oír a los niños recitar el catón. Alguna vez su nuevo amo lo sacó en coche, de tapadillo, para que nadie de sus muchos amigos y conocidos lo viera, y otra vez a un aposento del corral de la Cruz, y un día le trajo a casa a Juana *la Pandorga* y a don Juan de Austria, que eran bufones de palacio y debían instruirlo en su oficio de hombre de placer. Como Sebastianillo aprendía bien y progresaba en todo, recibió uno de esos días escampados en el ánimo de su amo, un guacamayo, pues por fuerza a Sebastianillo, como a todos los enanos, debía gustarle cualquier pájaro o animal. Pasaron varias semanas sin ver a su amo y sin salir a la calle y así se enteró de la venida de la primavera desde un balcón, como preso. Sabía que don Juan de Tassis era galán y vividor, hombre de muchos recursos y triunfos. Pero también tenía días de pesaroso abatimiento, y entonces se enjaulaba en su cámara, daba al aire mandobles sangrientos con su espada, maldecía su suerte y luego se sentaba en una jamuga, entrecerraba las cejas y escribía un soneto abrasado de amor.

Estaba enamorado. Sebastianillo pensaba que amor y hambre eran incompatibles, pues los enamorados no comían, y los hambrientos no se enamoraban. Otro día el conde se sobreponía y volvía a sus andares azacanados. Sin prestarle excesiva atención le iba consultando confidencias.

—Sebastianillo, ¿qué harías si desearas un alto bien y fuera inalcanzable?

—¿Un jamón?

—Necio. Hablo de otros bienes inalcanzables.

—Pues dejarlo.

—¿Y si fuera alcanzable?

—Pues cogerlo.

—¿Y si en ello me fuera la vida?

—No conozco ningún bien que más valga. La vida vale más que un jamón aunque a veces un jamón cuesta la vida.

—Necio, mi vida diera por alcanzar mi empeño.

Parecía sincero y afectado, aunque algo teatral. Así que Sebastianillo, sin disimular un repulgo de ironía, que podía haberle costado una tanda de palos, sentenció:

—Eso es sed del alma, hambre del espíritu.

Don Juan de Tassis juzgó la frase certera, aunque ripiosa para su gusto poético. Siempre piensa el que tiene a mano un aloque o una limonada, una pierna de cordero o una yema de santo, que las mayores afecciones son las del alma. Los que están hartos sufren de ambición, orgullo y honor. La ambición es redonda, se acuña en Segovia y vale su peso en oro; el orgullo es salsa, rebozo del poder; el honor es tufo y alcabala de opinión, y anida junto al culo de las mujeres. Así, desde aquel instante, atando cabos, Sebastianillo supo que su amo estaba enamorado de dama noble y casada. Aunque, ¿por qué era bien inalcanzable, si cuanto más nobles y más casadas más están al tiento? Todo a partir de aquellos días se precipitó. Una mañana oyó recio alboroto. El amo había puesto en orden de batalla a toda la casa: lacayos, cocheros, mayordomos, planchadoras, peluqueros, aguadores. Mandó preparar la carroza. Dio orden a Sebastianillo de bañarse en una tina, ponerse en manos del peluquero —y no del barbero, pues era lampiño— y vestirse las ropas nuevas. Su primer atuendo de lujo: zapatitos negros de piel, ligeros como la seda, medias calzas de lana, jubón de terciopelo con mangas acuchilladas, camisa de raso con collar y baratija y sombrero con dos plumas. El cocinero dejó de espumar ollas y le dijo: «Sebastianillo, eres renacuajo de caballero, lechón de noble.» ¿No era el enanillo más galán?

—Un presumido, Domingo, como tú fuiste. No lo niegues.

—Sebastianillo era entonces muy joven. Y era la primera vez que se veía bien vestido.

—Sí, pero te gusta hablar de ropas y vestidos. Todos los artistas sois muy presumidos. A mí me gustan las películas con muchos trajes y mujeres elegantes.

—Es un arte ataviarse para encarnar otro personaje —dijo Domingo—. Pero al final está la mirada, el gesto, la palabra del actor.

—Reconócelo, Domingo. Los artistas sois muy presumidos, os dais mucho pisto.

En los buenos tiempos Domingo fue un dandi. Se vestía a medida en Celso's: chaquetas de cheviot, pantalones de lana inglesa, camisas, pañuelos de seda para el cuello. No le gustaban las corbatas. Al acabar la función se peinaba con esmero en el camerino, se perfumaba, se calzaba los guantes, se enfundaba en aquel abrigo ligero y suave de cachemir, azul oscuro, y se metía entre las piernas zancudas de las *vedettes,* con otros actores, y caían como una bandada de pájaros alegres y lejanos en las penumbras de Oliver, Fanny, el café Gijón, acallando los susurros y medias voces de pintores, escritores, artistas y genios de la noche. Aprendió a tomar *ginfizz,* cubalibres, whisky, a invitar obsequioso a una ronda cuando las conversaciones caían, a escuchar ilusos proyectos de gloria y decepciones mezquinas de libros sin editor, óleos sin compradores, papeles prohibidos por los circos, las historias legañosas de artista del toreo bufo, las apaleadas fábulas de cupletistas del teatro Chino, en las carpas destartaladas de las afueras de las poblaciones. Quedaban lejos aquellos olores de desolladero y moscas, los viajes interminables en carromatos y autobuses, el frío, la roña y los harapos con lentejuelas de los artistas ambulantes. Le conocían las señoras de guardarropía, le entregaban su abrigo y su bufanda sin pedirlos y le despedían con afecto.

—El arte es disfraz— dijo Domingo—. Nos disfrazamos tanto porque vivimos muchas vidas.

Se cambió de ropas en caravanas, en pensiones inhóspitas, en soportales de plazas de toros, en furgones malolientes, pero también en camerinos luminosos de estudios de cine y televisión, con espejos que le podían recoger varias veces todo el cuerpo. La primera vez que intervino en el teatro de La Latina se cambiaba cuatro veces de vestuario. En las paredes de la salita de su apartamento conservó siempre las fotos, enmarcadas, de sus actuaciones en *La maja de Chamberí.* Y las dos páginas del reportaje dominical de *Pueblo*, con grandes titulares y una foto de cuerpo entero, en chaqué, con pajarita y camisa escarolada de puntillas. Correspondían al último número: el baile, el desfile y la apoteosis. Pero antes hacía un número de claqué: como Fred Astaire, sonriente y bailarín, con botines blancos, guantes, bastón, canotier, bajo un cañón de luz que abarcaba sus movimientos. Sesión tras sesión, aquella entrada le estremecía como la primera vez, y las risas y los aplausos le llegaban en clamor de felicidad. Antes del descanso intervenía en el imprescindible número madrileño. Con gorra de cuadros, chaquetilla ceñida, pañuelo blanco en el pecho, las palmas en los bolsillos, los andares ostentosos y chulos, los gestos manolos y castigadores, sin mediar oste ni moste, se agarraba a la *supervedette,* Maruja Montián, por la cintura, le daba unos buenos meneos airosos y al interrumpirse bruscamente la música, se separaba, la mirada engallada y firme, y paladeaba con garbo: «Que soy tu hombre, y ná más, ¿men-tien-des, pa-lo-ma?» Volvía a ceñirla, apretándose picarón y lagarto a sus muslos, y se marcaba de nuevo al compás del chotis, Madrí, Madrí, Madrí, entre aplausos y risas. Y luego, otra vez, en silencio, silabeaba zarzuelero, con su voz desgañitada: «O pa mí o pa nai-de más, porque te defunciono, pa-lo-ma.» Madrí, Madrí, Madrí... Tenía que salir a saludar varias veces, corresponder con exageradas flexiones a la gratitud de los espectadores, marcarse un desplante final, muy zarzuelero, antes de trotar hacia las bambalinas. Puede que hasta la Montián tuviera celos de su éxito. Todavía se disfrazaba otra vez de charro mexicano, con el sombrero enorme, los pistolones, la cartuchera, el lazo negro al cuello, la casaquilla espejeante de lentejuelas, el guitarrón. *Las majas de Chamberí* le permitió abandonar los espectáculos ambulantes y cimentar su carrera de éxito, antes de hacer teatro serio, películas, anuncios de televisión, ahorrar los primeros sólidos dineros, tener un ropero a medida.

—Los artistas son unos derrochadores.

—Viven tantas vidas que no piensan en el futuro —dijo Domingo—. Sólo el presente.

—Pero algunos acaban arruinados. No quiero traerte malos recuerdos.

—Fueron años felices —dijo Domingo nostálgico.

—Pero Sebastianillo de Céspedes supo ahorrar, amasar su fortunita. ¿No empezó todo el día que vio por primera vez al Rey?

Al llegar al Alcázar don Juan de Tassis encomendó el cuidado de Sebastianillo a don Juan de Austria, el primer hombre de placer de Su Majestad, mucho más vejancón que como acababa de pintarlo don Diego de Velázquez. Los dos se encaminaron a un salón frontero de las cocinas, donde Martínez Moñino, el cocinero de Palacio, preparaba las viandas del banquete ayudado por una tropa de servidores. A pesar de tantas aventuras, encuentros y contrariedades, Sebastianillo se sintió confundido e inquieto. Algo había tramado su amo y no sabía qué. Aquellos seis meses de vida blanda y regalada, con la obligación sola de leer y educarse, ¿iban a ser en balde? Lo dejaron como olvidado y solo durante más de una hora, en tanto en el Salón de los Espejos se daba la bienvenida al embajador extraordinario de Francia. Entraron don Juan de Austria y Martínez Moñino y llevándole a las cocinas lo obligaron a tumbarse en una larga bandeja, de la que apenas sobresalían los pies, y como si fuera un besugo lo cubrieron con ramas de perejil y rodajas de limón, y abriéndole la boca le metieron una manzana reineta, con la prohibición de comérsela, y con la recomendación de no moverse y dejarse servir a las reales personas, so pena de males peores. Luego, entre todos, lo alzaron sobre un carrito cubierto con manteles muy blancos y entre dos camareros lo condujeron por corredores y galerías. Iba con los ojos entre asustados, divertidos y miedosos, viendo pasar deprisa los techos con sus pinturas primorosas, los artesonados oscuros y labrados, las lámparas con mil abalorios. Hicieron una larga parada a las puertas del Salón de Banquetes, hasta que con un pregón de trompetas y un repique de timbales se abrieron las puertas y oyó rumores de asombro. De reojo, apenas podía advertir los tocados de las damas, el brillo de sus collares y pendientes, la variedad de vestidos y adornos, las rojas esclavinas de los cardenales, el destello de copas, el brillo de las vajillas, la cegadora y temida proximidad de Sus Majestades. Lo escoltaban mayordomos, gentilhombres, sumiller y camareros. Muchos comensales, a su paso, se alzaban en pie. Se pararon ante la mesa de Sus Majestades, acompañados por el embajador francés, el conde-duque y otras altas personas. Entonces fue cuando se acercó don Juan de Tassis, su amo, saludó con ceremonia, besó la mano de la Reina —ya pueden figurarse el brillo y afección amorosa de su mirada— y recitando unas coplas pícaras, ofreció aquel presente a Su Majestad.

Loco por tentar fortuna
y ver la Corte dorada
llega a nado esta atuna,
lubina, reo o pescada.
Es servida aderezada
a sus reales presencias
con limón, ajo y esencias
fruto de la mar salada.
Se llama Sebastianillo,
es listo y cantamañanas,
y fue su ambición más vana
conocer de tapadillo
el esplendor de la Corte.
Pescado en el mar del Norte,
os lo obsequia por su fama
el conde Villamediana.

Hubo risas, aplausos y plácemes de todos, Sus Majestades sin perder el decoro. Sebastianillo, más por miedo que por colaborar en el lance, se movía, escupía el limón, boqueaba y todos creían que imitaba al pez que pica el anzuelo. Pero luego salieron cómicos y saltimbanquis por otro rincón de la sala y retiraron el carrillo. Don Juan de Tassis conversaba, ahora caballero, con Sus Majestades, y entre él y doña Isabel, la Reina, se cruzaron ardientes miradas.

Días después Sebastianillo habría de interpretar aquel regalo como artimaña de ladrón que lanza un hueso al perro guardián para franquearse la entrada. Hubo bromas y le resultó algo molesta aquella situación, pues entre los distingos de si sería pez o persona, si era lubina o merluza, pretendían que boqueara como pescado que pica el anzuelo. Luego lo bajaron, saludó, siguió las indicaciones de don Juan de Austria, prosiguió la música y otras piruetas de saltimbanquis, se rehilvanaron las conversaciones y Sebastianillo salió con olvido de todos. Por fortuna le alcanzaron algunos manjares sobrantes del banquete, sin duda los más deliciosos que hasta entonces había saboreado. Nunca había visto tanta variedad de viandas, ni tan bien aderezadas, pues había perniles, capones, pollos con habas, truchas, gigote de merino, guisantitos con jamón, tartaletas de ternera con lechuga, criadillas de carnero, y de postres cazuela de natas, fresas con requesón y confites, suplicaciones y pastas.

El banquete fue largo, y entre tanto Sebastianillo pasó el tiempo con otros criados, lacayos y bufones. Allí estaba Juana *la Pandorga,* Luis de Zúñiga, de mote *Cabriolas,* María de Córdoba, que tocaba muy bien la flauta, Catalina de Morales, Pedro Muelas y otros. La sobremesa fue larga, pues unos se dieron a la siesta y otros comensales departían en conversaciones animadas en corrillos y tertulias. A eso de las seis se anunció el comienzo de la representación. Los enanos, valiéndose de su talla, consiguieron puesto en primera fila, cerca del escenario, al pie de las regias y nobles personas, al lado de los lebreles. Otros criados y lacayos tuvieron que conformarse con lugares apartados o rendijas. Cualquier parecido de aquella función con las del corral de la Pacheca o del Príncipe era ofensiva. La comedia se titulaba *La gloria de Niquea* y era de Lope, por lo que no hay más qué decir. Pero lo extraordinario fue que doña Isabel, la primera esposa de Su Majestad, hacía de diosa de la Hermosura, y con ser muchas las maravillas de carrozas, tramoyas, bengalas, luces, arcabuzazos, músicas, coros y hasta una fuente que manaba de continuo rumoroso líquido, ella fue el espejo y la atracción de todos. Tanta felicidad no duró más que una jornada, muchas veces interrumpida con bravos, aplausos y vítores, siempre entusiasmados, aunque comedidos en su calidad. Pues a poco de comenzar el segundo acto sobrevino una luz sobre un dosel, y pronto ardieron unos ramos y se levantó abrasadora llamarada. La turbación fue grande. Todos luchaban por salir, se atropellaban y caían. Arreciaba el griterío. El humo ahogaba. Fue entonces cuando don Juan de Tassis tomó a la Reina en brazos, la alzó y desapareció poniéndola a salvo. Fue un milagro que nadie sufriera más daños que el susto, el picor de ojos y el ahogo de la tos, pero los telones ardieron, las paredes quedaron ahumadadas y se destruyó la gran fábrica del escenario. Había damas desmayadas, caballeros que iban y venían, criados que acarreaban calderos de agua. El conde-duque obró con diligencia para calmar el alboroto infernal. Mandó que en el jardín sirvieran limonadas, actuasen payasos y tocasen los músicos. Cuando una hora después se había sofocado el humo y el susto, todos vieron a la Reina llegar escoltada por don Juan de Tassis, risueña y con las mejillas llenas de rubor. «Otro fuego las abrasó», pensaban los más suspicaces. Luego trajeron más refrescos y tartaletas, se danzó y la fiesta continuó hasta bien entrada la noche.

Cuando Sebastianillo subió a la carroza, vio a su amo hundido entre los cojines, con semblante extático, como si gozara de una dulce visión. A ratos suspiraba. Interrumpió su silencio para blasfemar de dicha: «Oh Isabel, mi único dios, mi bien todo.» En un momento en que el conde volvió en sí, destapó la cortinilla y buscó en el cielo las estrellas. Luego se percató de la presencia cariacontecida de Sebatianillo y dándole una palmadita en el hombro, lo espabiló.

—Alégrate conmigo, enanito. Me has traído suerte. Ten —y sacando el rubí del dedo se lo regaló—. Oh, amor, regio amor —dijo luego para sí, cerrando los ojos, mecido por el traqueteo del coche y los recuerdos.

De súbito, en el portal de Pellejeros, en la calle Mayor, un emboscado se asió al estribo, zarandeó al conde, lo reconoció y sin mediar dicho ni amenaza le asestó una puñalada que le partió el corazón. Don Juan de Tassis, abriendo la portazuela del coche, dijo, con voz de espasmo y de muerte: «Esto es hecho», y cayó arrastrado. Sebastianillo gritó y enmudeció, ayudó a alzar al conde y llevarlo a casa, sin apartar de la memoria sus manos ensangrentadas y aquel otro charco que corrió al arroyo. Todo Madrid estuvo atónito y suspenso con el caso, hasta que pasados los primeros días, cuando comenzaba el olvido, se corría el rumor de que el conde de Villamediana había muerto de impulso *soberano*. Cuando falta el amo comienza el despojo y desbandada de la casa. Pensaba Sebastianillo qué decisión tomar cuando le llegó recado de Palacio, del mismo Rey. Y fue ese día cuando decidió aprovechar la suerte y escalar el primer peldaño de la fortuna. Don Felipe, como interesado en hacer averiguaciones, lo llamó en un aparte.

—¿Y qué pensáis de la muerte de vuestro amo? No puedo apartar de mí el dolor y el enojo.

Sebastianillo lo miró y pareció ver unos ojos más escrutadores que conmovidos, y con oportunidad de lengua y decisión, tuvo prudencia de hallar la respuesta mejor y buscar las palabras que valieran un Perú.

—Majestad, el conde de Villamediana era poeta, galán y amo generoso. Había comido, bebido, era mayo y estaba enamorado. No podía haber deseado muerte más feliz.

—Pues fue una canallada traicionar así a su amo, Domingo. Digas lo que digas.

—No juzgues mal a don Sebastián —dijo Domingo—. ¿Qué iba a hacer? Don Juan de Tassis había muerto. ¿Quién fue el asesino? ¿Quién mando al sicario? ¿Debía aventurar sus sospechas? Además, el conde de Villamediana lo había utilizado con algún propósito. Lo había regalado al Rey. Don Felipe IV era su amo.

—Comprendo que lo quieras defender. Yo no lo veo tan claro. Así que empezó de ese modo su prosperidad. Viviendo en Palacio.

—Ni tanto, ni tan deprisa —dijo Domingo.

Tardó bastantes años en comprar su casa, y hubo de retejarla, enrejar los balcones, adecentar la fachada, construir estrados y aposentos, y la enriqueció con tapices, espejos, maderas, cortinas y cuanto de valor se halla en una casa principal. No fueron menores sus cuidados con el jardincillo del patio, donde hoy se alza un alto ciprés, como aguja de catedral, que hace del recinto claustro de abadía. En un rincón del jardincillo plantó un fresno. Allí en silencio, reposaba don Sebastián de las fatigas del Alcázar, con la vista hacia el cielo tras la flecha afilada del ciprés. Cuanto más a solas, más a gusto se sentía.

—Entonces ya había perdido la privanza el conde-duque —dijo Domingo—. Doña Isabel había muerto. Doña María Ana era la Reina. ¡Cómo había pasado el tiempo!

—Sí, a veces la riqueza llega en la vejez. Pero mejor tarde que nunca.

—También tenía casa en Trijueque. Un palacio inmenso y medio despoblado, con escudo y oratorio. En los aledaños se levantaban caballeriza, silo y almazara. Se le juntaban a la posesión trigales, olivares, viñedos y unas tablas de huerta. Y unos almendros. Las almendras le gustaban mucho a don Sebastián.

Le gustaban tostadas, saladitas, para mordisquearlas poco a poco en el patio, sentado al fresco, cerca del ciprés, gozando del descanso. También le gustaban mucho a la reina doña María Ana. Las partía con sus dientecillos de ardilla, tan graciosa. «Almendrras muy rricos», decía, al principio, con su mal castellano. «Ricas, Majestad.» «¿Sí?», se hacía la sorprendida, sin darle importancia. «Almendras ricas, no ricos», corregía don Sebastián. Ella se las comía, como golosinas. Y después preguntaba si *rico* no significaba tener dinero, y cómo almendras con dinero. ¡Era como un juego responderle a sus veleidades caprichosas de reina niña! Luego reprendía a don Sebastián: no le gustaban los bufones, y ponía morros y pucheros de mohín; no le gustaban porque llevaban siempre la contraria. Y a las reinas no se les debe contrariar.

Pero no era ese el único regalo que don Sebastián se permitía hacer a la Reina. Hasta en las despensas de la Corte escaseaban a veces los bienes. Cierto que sólo prestamistas y avarientos medraban en aquellos años, pues sangraban las haciendas y mataban las más sanas fortunas. En poco se diferenciaban de médicos y doctores. Sus uñas eran imanes. Todos los negocios eran de extranjeros; los asentadores marranos, y los banqueros genoveses. En tiempos de Olivares se acusaba a este sanedrín de todos los males, hasta de las tormentas que hacían naufragar los galeones indianos. El dinero volaba, los pueblos de Castilla se habían despoblado, y un ejército de tracistas, entre bostezo y bostezo, inventaba tributos para todo. Los campos quedaron yermos, los hidalgos sin rentas, y los pobres a espulgarse y papar aire. La Corte era panal y gusanera, todo a una.

Pero don Sebastián cobraba rentas y en su casa sobraba harina y aceite. Vendía en Madrid sus cosechas, hacía préstamos al pastelero del Alcázar, terciaba en compraventas de ejecutorias, un poquito de aquí y otro poquito de allá.

—¿Se hizo muy rico, Domingo? Esas películas me gustan. Empiezan mal y acaban bien.

—Guardaba otra riqueza oculta. Un recuerdo inolvidable. Sólo lo compartía con *Vittorio.*

—¿Quién era *Vittorio?*

—Su perro —dijo Domingo—. A veces se lo prestaba al Rey.

—¿También le hacía regalos al Rey?

—Fue ahorrador, pero no tacaño. Los regalos se los hacía a la Reina. Y a la infantita. Aquel vestido que lucía doña María Ana en las mascaradas del Retiro era regalo de don Sebastián.

—A mí me gustan las películas de Clark Gable. Siempre regala orquídeas, joyas. ¿Qué le regalaste a Sara?

—¿A Sara? —dijo Domingo.

—Sí, para decirle tu amor. Cuenta.

—Estoy cansado. ¿Qué es aquello?

—¿Ves? Ya cambias de tema. A las mujeres se las conquista con regalos. Se ponen contentas, desatan el lazo, abren la caja, saltan de alegría. Y luego dan besos.

—El regalo es nuestra gratitud —dijo Domingo—. No para comprar nada.

—¿Nunca le regalaste nada a Sara?

—Una vez le mandé flores.

—Ah, y qué más. ¿Perfumes, joyas? ¿Y qué le decías?

—No sé, no me acuerdo.

—Me escondes lo más emocionante. Sí te acuerdas, piensa. ¿Cuándo fue?

—Cuando rodábamos la película. Por lo bien que nos habían salido algunas escenas.

—¿Qué escenas? Ayer me dijiste que habían estropeado tu papel. No eras protagonista.

—¿Sí? —dijo Domingo—. ¿Cuándo fue ayer? Los recuerdos se quedan atrás, como la luz.

—Todavía es temprano, Domingo. Falta mucho para la cena. ¿Por qué no acabas las cosas?

—La noche sale entre aquellas dos montañas. Ya veo las fogatas del puerto. Asan pescados en el embarcadero.

—¿Me vas a contar otra película? Me estoy embarullando.

—Es un pueblecito chino, a orillas del lago. Hay que volver.

—Ya estás con tus fantasías. Te hablo de Sara y te escabulles. ¿Es porque te atormenta todavía lo que pasó? ¿Dejaste de quererla?

—¿Aquellas son luces o estrellas? Es la hora violeta en ese pueblecito. Toda la sabiduría del atardecer.

—Si quieres me callo, Domingo. Quieres jugar conmigo, confundirme. Te apasionaste mucho, pero no debes avergonzarte. Era por amor, Domingo, ¿no me quieres contar?

—La barca ya entra en el canal. Oigo voces y chillidos de gentes extrañas. Son palabras amarillas. Pero aquí las aguas están quietas, el embarcadero está cerca.

—¿Dónde?

—Desde la orilla oscura veré el lago, destella, clarea. No puede con él la noche.

—Eres un poeta, Domingo. Los poetas se vuelven locos de amor. Ya sé que no te olvidas de Sara.

—¿Sara? Ya fondea la barca. Sara es el lago.

Le envió dos docenas de rosas para despertarla con perfumes, para hacerla feliz con colores, para que pensara en él nada más levantarse. Domingo se inmovilizó, extasiado, como en el cine. La alcoba, la cama, la cara plácida de Sara sobre la blanca almohada, toc toc toc, ¿llaman a la puerta?, un ligero temblor de sus párpados, un liviano mohín del labio, un mimoso refunfuño cuando de nuevo, toc toc toc, Sara no puede entreabrir los ojos, ¿sueña?, y entra bulliciosa la tía Dorothy, recorre la alfombra de la suite lujosa, cariño, despierta, mira qué traigo, y deja sobre la cama la cesta de rosas. Sara se incorpora, ¿sorprendida?, esparce las gasas del sueño, abre mucho los ojos, ¿qué es, qué pasa? Busca (ademán mecánico y sensualmente lento) la bata que oculte sus hombros desnudos (moldeados, gráciles), parpadea deprisa, bosteza, mientras la tía Dorothy, ¿qué dice?, descorre los visillos, abre de par en par las ventanas, desparrama la luz cegadora por la alcoba. Llegan los pregones de la calle, la melodía alegre de un vals, la cadencia sentimental del acordeón, el alborozo de las campanas de Montmartre, el dibujo en el aire de las palomas del Sena, la mañana de París, mientras la cámara regresa para recoger el tanteo de los dedos delicados que toman de entre los capullos un sobrecito, extraen la tarjeta, acarician el nombre del americano que transmuta en cuadros, sonrisas, flores, amor, el azar esplendoroso de la primavera dirigida por Vincente Minnelli.

¡La quiere, tía Dorothy, está enamorado de ella! ¿Verdad que se sienten ganas de bailar? Qué buenas esas películas.

Domingo bajó a la floristería excitado, a poco de abrirla. La campanilla de la puerta avivó su impaciencia después de las atormentadas reflexiones de aquella mañana. Por eso habló con voz destemplada, más aflautada que de ordinario, algo áspera. ¿Dos docenas? Llevaba en la mano el sobrecito, el dinero, aguardaba, como si cometiera una travesura, mientras la florista recortaba tallos, agavillaba capullos, confeccionaba el ramo. Deseaba salir a la calle, verse en la acera, sentirse aliviado de su arriesgada decisión. ¿Lo entendería bien Sara? ¿Se molestaría al oír los timbrazos, una, dos, tres llamadas, quién será? Sara refunfuña, es perezosa, le cuesta separarse de las sábanas, ¿dormiría desnuda?, ¿con un pijama azul? Se viste la bata, se calza las chinelas, se compone el pelo, de pasada, ante el espejo del pasillo, abre la puerta, ¿eran para ella?, ¿de quién? No se lo creía, indecisa, intrigada, sorprendidos sus ojos verdes, las huele, hummm, qué fragantes, tantas rosas, tan rojas, ¿eran para ella? Se echaría el pelo hacia atrás: un signo gracioso de azoramiento y presunción.

—A mí me gustan las mujeres con pelito corto —dijo Domingo.

—Pues en el cine la gente quiere ver melenas rubias, pelambreras rizadas. Leonas.

—Se lo dije una vez a Anouk Aimée, en el festival de San Sebastián.

—¿Sí? ¿También estuviste en festivales? ¡Cuánto has vivido, Domingo! Tienes todavía recuerdos para vivir diez años más.

—Estaba sentado frente a ella, en el comedor del Reina Cristina. Frente a frente.

—¿Y a qué fuiste, a recoger tu premio?

—Presentábamos la serie *Felipe IV*. No, era *España cañí*, yo hacía un papel importante. A veces confundo mis papeles —dijo Domingo—. Pero no olvido las luces, los flases, los aplausos de los curiosos, la ceremonia de entrar en el cine: subir las escaleras, bajo el arco de espadas de unos bailarines, a los sones del txistu y el tamboril. Muchos famosos. Las mujeres con sus joyas y sus vestidos de noche.

—¿Y tú cómo ibas vestido, de gala? ¿No tenías nervios?

—Con esmoquin blanco, pajarita y una flor en la solapa. Me aplaudieron mucho.

—Tan pequeñito, Domingo, y con esmoquin. No te imagino.

—Con esa película ya me consideraron los críticos un actor. Y me vinieron los primeros anuncios de publicidad en la televisión.

—Y te codeabas con los artistas más importantes. ¿Ves cuántos buenos recuerdos tienes?

—Me reservaron un sitio en la mesa de Anouk Aimée. Y se lo dije, que me gustaban las mujeres con pelito corto, para que destacaran sus ojos. Me gustan los ojos grandes, misteriosos, profundos.

—Eres un poeta. Un poeta muy sentimental.

—Y las caras misteriosas —dijo Domingo.

—Esas mujeres son más complicadas. Y más frías, menos apasionadas.

—Nada de eso —dijo Domingo—. Quizás sean más reflexivas, pero también son más soñadoras. Su debilidad es la ternura.

—Pues a mí me aburren esas películas. Domingo, no cambies las cosas.

—La ternura es también una pasión. Y más duradera. A lo mejor es que las pasiones son tristes.

—Quieres convencerme, pero no podrás. Las mujeres con melenas rubias son más alegres y provocativas. ¿No era así la reina María Ana? ¿Llevaba peluca, con rizos y tirabuzones? Por eso se enamoró Sebastianillo.

—Aquel fue un amor de otoño —dijo Domingo—. A don Sebastián se le iban los años, como un verano largo que se acaba. Y María Ana era una reina joven, extranjera, desvalida, con un marido estragado y arredrado por todo. Ya no tenía sentimientos.

—Entonces es que Sebastianillo odiaba al Rey. Por celos. O por lo que fuera. ¿No era desagradecido?

—Don Felipe estaba lleno de miedos, de arrepentimientos, de inseguridad. Desde la caída del conde-duque su temperamento cambió. Olivares había sido su protector, su escudo, su amigo también. Luego el Rey enviudó. Y el gobierno cada vez iba peor. Así que cada vez era más caprichoso, más egoísta, más cruel. ¿Cómo iba a querer a doña María Ana?

—Pero el Rey es el Rey, Domingo. Y Sebastianillo tenía que estarle agradecido. ¿O es que todos los bufones acaban odiando a los reyes? Sería por celos. Las mujeres así, rubias, con melena, provocativas, siempre levantan celos, venganzas y muertes.

—No, no —dijo Domingo—. En la película María Ana era delicada, desconcertada, caprichosilla también.

—¿No será que la confundías con Sara? A veces me hablas como si tú mismo fueras Sebastianillo. Lo mezclas todo, ¿es que quieres engañarme?

—En mi película era así. Y don Sebastián se aferraba a los últimos rescoldos. Una ilusión herida.

—Siempre buscas en todo las contradicciones. Así nunca salen historias bonitas. Tu manía de juntar lo blanco con lo negro.

—Debajo de las apariencias viven verdades desconocidas —dijo Domingo—. Sebastianillo era un solitario. La ternura es la pasión de los solitarios.

—Como quieras, pero no te enfades. Es mejor que cuentes cosas. Tal como pasaron, sucesos, aventuras.

—¿Y de qué sirven si no se interpretan?

—Sí, pero no adelantes tus explicaciones. ¿Cómo acabó tu pasión por Sara? ¿Cuándo se lo dijiste? A veces no me hago ninguna idea clara de ella. ¿Cómo era? ¿Supo de verdad Sara que la querías tanto? ¿Cómo se lo dijiste, Domingo?

Ese era su apuro, su miedo, su tormento. ¿Y si Sara sentía lástima de él? Eso le dolería. ¿Y si le rechazaba? Eso también le dolería. ¿Y si se burlaba? Eso nunca lo haría Sara: era exquisita, comprensiva, delicada. Domingo sentía una excitación febril, iba hasta la pared, enderezaba un cuadro, volvía a sentarse en la misma butaca. También *Gascón* parecía inquieto: se acercaba, reclamaba unas caricias. Quita, *Gascón,* quita, era un perro pelmazo, excesivo. Entonces Domingo prestaba atención al televisor, creo que esta noche es la más feliz de mi vida, ¿de veras, Sluder?, sí, cariño, me he liberado de cierta timidez que he tenido siempre, pero ahora contigo, con Mark y con..., oh, Sluder, no sabes cuánto me gusta oírtelo decir, cambió de programa: anunciaban una crema *body milk,* siempre hay un momento para usar «Minerva», apagó la tele: le aburría, le ponía más nervioso, volvía a sus cavilaciones. Todos los enamorados padecen estas zozobras: hacen planes, se animan, se ponen contentos, pero luego vacilan, se acobardan, se quedan tristes. Le mandaría un ramo de rosas, hablarían por teléfono, tal vez pudieran verse ese fin de semana, y luego, a solas, en serio, cara a cara, se lo diría, sin más rodeos: Sara, estoy enamorado de ti, te quiero. Pero Merino no debía enterarse, no podía sospechar nada, ese periodistilla pazguato, sabidillo, chismoso, pontífice de café: le faltaría tiempo para largar la noticia en el Gijón, ¿sabéis qué hizo Domingo Gálvez? Todos estaban pendientes de su atención: no en vano redactaba noticias culturales en *La Crónica* y con cualquier motivo trivial podía airear el nombre de un actor en paro, una bailarina olvidada, un poeta iluminado, un intelectual vanidoso y borrachete, cualquier chascarrillo de los contertulios habituales: esas caras macilentas entre luces y sombras, con ojos gastados de pez intemporal, escurridizos y fríos. Pero, ¿era una insolencia mandarle flores a Sara? ¿Necesitaba excusas convincentes? Al día siguiente, en cuanto abrieran la tienda le mandaría un ramo de rosas. Era una decisión irreversible: ya estaba mejor, más aliviado, sin el malhumor del viaje. Además tenía Domingo buenas excusas para el caso improbable de que Sara lo juzgara un atrevido. Acostumbrado a las burlas, el desdén o la curiosidad que despertaba su persona, en cambio, en toda su vida había velado escrupulosamente por la manifestación de sus sentimientos; contenidos, amordazados, disfrazados siempre. Una herida ahí, en ese *amor propio* oculto, hubiera sido cruel y duradera; igualmente, un amargo rechazo para él. Pero por eso se abrumaba con las gratitudes cordiales: le diría a Sara que ayer, a la vuelta de Sigüenza, había estado enfurruñado, algo grosero, en un mutismo infantil. Quería reparar aquel comportamiento. A Domingo le afectaban mucho las despedidas, se entristecía mucho cuando acababan los días de rodaje: las horas de bullicio, el ajetreo de luces, cámaras, grúas, las órdenes del director, el revuelo de colmena en los platós y camerinos, el fastidio de repetir las tomas, los caprichos de Mariella Cassola, ¿se le había estropeado el maquillaje?, los miramientos de Vidal Solana: pedía hielo, toallitas frías para sus párpados, había dormido mal, tenía los ojos hinchados, así no podía aparecer en pantalla. Sí, se le venía abajo el mundo al regresar al apartamento, verse solo, ni siquiera *Gascón* lo consolaba. Tampoco era ese el verdadero motivo de enviarle flores: es que había sido muy agradable trabajar con ella. ¿No había leído la tarjeta que acompañaba a las rosas? «A su Reina, de Sebastianillo.» Cogió un sobre, la pluma, no sabía qué ponerle, hasta que se le ocurrió la frase. Era cordial, amable, e insinuaba... «A *su* Reina...» Además, ¿no recibían las estrellas de Hollywood ramos de flores de sus *partenairs* al terminar el rodaje, por cualquier motivo, cuando una escena salía bien, para darles confianza en esas largas esperas en los camerinos, tan de mañana, agobiadas por sastras, peluqueras, maquilladoras y técnicos de estudio? Domingo esperaba que no fuera aquella la última colaboración. Sara sabía que el papel de don Sebastián de Céspedes se había desaprovechado: recortado, mutilado, falseado neciamente, y no por reducirlo a fugaces apariciones de relleno, con algunas bufas muestras de comicidad, sino por haber ocultado su aventura interior. Había material más que suficiente para un serial de televisión, cinco episodios, tal vez seis, o más. La existencia azacanada de Sebastianillo ofrecía muchos momentos de interés cinematográfico. Más aún, su privilegiada posición entre las bambalinas cortesanas era un testigo original y lúcido de aquellos años desdichados y cruciales de la historia de España. Su infancia y niñez, y posteriormente su larga treintena de años de servicio a la Corte facilitaban una muestra variada y colorida, cómica y trágica del costumbrismo de época. Cabían escenas de tenebrismo picaresco y fasto palaciego. Las luces y las sombras de una época severa y festiva, contradictoria e intensa. Juegos de caña y chamusquina de herejes en la Plaza Mayor, aventuras embozadas de un Rey putañero, confabulación milagrera del convento de la Encarnación, ceremonias áulicas, cacerías jaraneras en El Pardo, el bullebulle, en fin, de plazuelas, calles y mercados de Madrid. Y un buen número de personajes profundos, interesantes. La misma Calderona: un papel para consagrar a una actriz: popularidad, portadas en revistas, críticas elogiosas, premios. Porque la Calderona añadía a su radiante hermosura sutilezas de ingenio, más las muchas artes de su oficio de cómica. Provocaba ansiedad en los mosqueteros, encandilaba con sus dejes al decir el verso y embrujaba con sus canciones. Fascinaba su aparición en el escenario con pasos de rica dama, o con meneos de pícara, o andares marchosos de bandido o lindo o caballero —sin que estos ropones equívocos ocultaran sus trazos de mujer—. Alcanzaba con tales enredos y disfraces aplausos más fervorosos que en ningún otro momento, aunque en las escenas de amor extremaba con deliquio sus arrumacos. Su intervención en la comedia aseguraba el lleno. ¿Representa la Calderona? Pues voy. ¿No representa? Pues no voy. Le acompañaba la leyenda, y más desde que se supo que era amante del Rey. Todas sus prendas y su sensual malicia arrebataron la voluntad del Monarca más que ninguna otra mujer, y era don Felipe de por sí enamoradizo y mujeriego. La actriz le prodigó sus cuidados y recibió muchas mercedes. Tuvo un hijo del Monarca, pero no le consiguió crianza palaciega porque interpuso su autoridad Olivares, que recelaba, quizás, de todo afecto prolongado que sustrajera los favores del Rey. El conde-duque, que tenía en sus manos todos los poderes, se mostraba más suspicaz cuanto más absoluta era su privanza. Y estas suspicacias, al tornarse en miedos, atormentaban su ánimo, hacían más hosco su temperamento y más arbitrarios sus designios. Su ojeriza hacia María Calderona era manifiesta. Ella nunca desconoció que sus ilusiones eran efímeras y aciagas, por lo que su vitalismo era a un tiempo alegre y aterrado. Se sabía perdedora a la larga, pero hacía valer en todo instante el hechizo de sus manos, ojos, talle, voz y risas. Desdeñaba el mañana, y para esquivar sus presagios prodigaba en sus actos insaciable afán. ¿Quién podía aspirar a este papel en *Felipe IV?* Pocas candidatas reunirían estas cualidades y méritos, y menos que ninguna Mariella Cassola, mona, insulsa, voluble, ñoña, apastelada, muñequilla de *paparazzi.* A lo más, para lo que servía era para anunciar trajes de baño, papelitos insulsos y provocativos en películas frívolas. Domingo se irritó muchas veces con esa posibilidad, y más porque don Sebastián profesaba a María Calderona aprecio inquebrantable. ¿No servían ambos al Rey con sus cuerpos, bien que uno hermosísimo y el otro reducido y deforme? ¿No le servían ambos con sus trazas y artes, unas de amor, otras de quitapenas —no en vano a bufones y farandules cortesanos se les llama gentes de *placer*—. En fin. ¿No se procuraban entrambos el mayor pago y beneficio? Pero todos los actores, que representan todo y no son nada, en público son una cosa y a solas otra. Así, en presencia de su Majestad, durante los saraos y fiestas del Pardo, tras una jornada fatigosa de caza, cuando se relajaba el trato con jolgorio general, la Calderona y Sebastianillo parecían competir como dos lebreles celosos del cuidado exclusivo del amo. Pero era embuste. Don Felipe celebraba sus disputas maliciosas y sus juegos rivales. La Calderona enseñaba con picardía el pie desnudo al enanillo, lo alzaba hasta sus ojos, quería atraerlo con los dedos, como si dijera ven, ven. Luego lo tomaba en brazos, le hacía cosquillas, le quería medir el badajito, ¿cómo es de grande, Sebastianillo?, ¿así? ¿o así?, ¿duerme? ¿ya se despereza? Sebastianillo mostraba esa furia avinagrada de muchos hombrecillos. «¿Quieres ver si hace dindón?», replicaba. «Méteme bajo tu guardainfante, verás el badajito cómo hace sonar la campana.» Y luego, haciendo corro entre los invitados, la imitaba: recitaba jácaras procaces, daba estocadas al aire —¡voto a Cristo!—, simulaba su ademán quebradizo de enamorada teatralera, mi Rey, mi vida, ¿no quieres a tu Calderona? Don Felipe y los más de los presentes no se cercioraban de que estas pullas y juegos eran falsos, y que los dos se vengaban del Rey, viéndole perder el decoro, la gravedad, su imperial majestad. Sebastianillo aventajaba a la Calderona en veinte años, y su oficio, sometido también al rigor del tiempo, era, sin embargo, más duradero —y menos embarazoso— que el de amante.

—¿No sería que Sebastianillo se enamoró de la Calderona? ¿No le gustaba? ¿O se lo impedía la diferencia de edad?

—Nada de amor —dijo Domingo—. Sólo aprecio sincero. Además, la diferencia de años no siempre cuenta. Don Sebastián pasaba de los cincuenta, y la reina María Ana no llegaba a los veinte.

—Sí, pero esas cosas sólo pasan en el cine. Y no duran mucho. Y nunca acaban bien. A mí esas películas no me gustan. Empiezan bien y acaban mal.

—Es que las películas no deben tener finales rotundos. Ni los sueños. Ni siquiera final.

—Ya quieres torcer la realidad, Domingo. Todo tiene un final. ¿Qué pasó con Sebastianillo y la Reina, cómo acabó?

—Y eso qué importa —dijo Domingo—. Se acabó la película, pero con muchos finales, con muchos sentidos.

—¿Ves? Te contradices. Primero no hay un final, luego hay muchos.

—Los artistas sabemos que la vida es más simple que las ficciones. Por eso queremos suplirla con sueños, con historias. Para jugar a que seleccionamos un final entre muchos posibles. Aunque también esta selección es un engaño.

—Quieres confundirme otra vez. ¿Por qué lo embarullas todo con tus pensamientos? ¿Siempre fuiste así? No dejas correr tus sentimientos, los echas a perder al pensarlos. ¿Te pasaba así con las mujeres, con Sara?

—¿Acaso se pueden separar los sentimientos de los pensamientos?

—No lo sé, es igual, Domingo. ¿Sientes amor? Pues adelante, nada de líos mentales, que te enfrías y te atormentas. Eso no les gustaba a las mujeres. A lo mejor por eso fracasaste con Sara.

—Sara no será para mí un fracaso nunca —dijo Domingo, desabrido.

—Muy bien, pero te enloqueció. Lo malo que estuviste. Y tu carrera que se iba al traste. ¿No era un disparate? Sara era más joven que tú, como cuánto.

—No lo sé —dijo Domingo—. El amor nunca es justo.

—Pues en las películas muchas veces lo es. Por lo menos las que a mí me gustan: se enamoran, se quieren y triunfan los sentimientos. Lo de Sebastianillo fue raro, tantos años de por medio.

—Pero no siempre fue así. Creo que hubo algo entre él y aquella viuda de Talavera, después de que abandonó Toledo. Era muy joven, ella algo mayor. Y en la corte fue protegido por Catalina de Morales.

—¿Quién era Catalina de Morales?

—Una mujer pequeña.

—Perdona, Domingo, ¿cuando dices pequeña quieres decir enana?

—Era de la comitiva de placer de Sus Majestades; Luis de Zúñiga, María de Córdoba, Juana *la Pandorga* y otros.

—¿Te lo inventas ahora? No me acuerdo de nada, Domingo.

—Doña Catalina trató a Sebastianillo con afecto de madre. Lo cobijó, lo vistió con ricas ropas, lo llevó a mascaradas, fiestas y banquetes, le dio casa. Y además fue su amiga, le dio el lecho. Doña Catalina tenía cerca de los cuarenta.

—Un disparate. ¿Y Sara? ¿No era muy mayor para hacer de Reina doña María Ana?

—No, no. En el arte no se pueden hacer representaciones precisas ni espontáneas. Yo a Sara la miraba con ojos sin tiempo.

—Sí, pero, ¿no pensaste mucho tus sentimientos?

—El amor surge para evitar el desamparo —dijo Domingo—. Cuanto mayor es la desprotección más necesidad hay de proteger a alguien.

—¿Ves cómo son pensamientos que lo confunden todo? Así no empiezan las pasiones. ¿Cuándo te enamoraste de Sara, de golpe? ¿Fue durante el rodaje?

—No sé cuando. El amor es una provocación. ¿Es importante saberlo?

—¿Fue cuando la veías de Reina, con sus vestidos, con la melena rubia? ¿Cuándo lo supiste, cuando viajabas con ella desde Burgos?

—No veníamos de Burgos —dijo Domingo—. Habíamos rodado toda la semana en Sigüenza. Pero no quiero remontarme a recuerdos tan desolados. Los recuerdos son como un laberinto, un túnel largo.

Fueron años calurosos y largos, un laberinto de corredores, galerías, salones de Palacio, cámaras retiradas de su casa, ámbitos despoblados en el caserón de Trijueque, soterrada ansiedad de un bufón: disminuido muñeco que no es nada, pero representa todo: alquila sus gestos, presta su lengua, empeña su conducta —oye y no oye, ve y no ve, dice y no dice, sabe y no sabe, según la conveniencia: para sobrevivir, para sobreponerse, para medrar—. Y hace carrera, consigue acomodo, ve incluso el mundo como un espectáculo desde un puesto privilegiado. Pero en sus sueños desvalidos y en sus sentimientos sin destino fluía un desbordado río de pasión inútil. ¿Desde que la vio por primera vez? Fue en Burgos. Ella tenía catorce años y era una desconcertada princesa extranjera que venía a ser reina, a desposarse con un rey ya fondón, su tío, prisionera de un séquito nunca visto por los caminos despoblados y áridos de Castilla: un cortejo de pajes, lacayos, muleros, mayordomos, damas, clérigos, merinos y nobles, una larga caravana de coches, caballerías y carros traqueteando por las trochas embarradas, por las costaneras polvorientas, por las terroneras oscuras de Castilla —Lerma, Aranda, Lozoya— hasta llegar, al cabo de casi dos semanas de viaje fatigoso, a la ruidosa ciudad de Madrid, que recibió al rico cortejo con entusiasmo y admiración, tantos que las fiestas preparadas, los desfiles, los rumores increíbles, las luminarias adornos de las plazas y fuegos de artificio de las noches, hicieron olvidar el rigor de las hambres, la severidad de la Cuaresma y tantas desventuras militares de los últimos años. Una reina rubia, austriaca y más bella que un sol, ¿no era una esperanza? ¿No se encariñó de ella todo el pueblo de Madrid, atribuyéndole poderes mágicos para remediar el desengaño común? ¿No mostraron un excesivo cuidado hospitalario, como para ampararla aquí, ellos que tanto socorro necesitaban? Pues quién sabe, otro tanto pasó con don Sebastián de Céspedes, que quiso desde un primer momento socorrerla, pues para ella el viaje era interminable, el protocolo embarazoso, las incomodidades muchas, la soledad de los campos terribles, los días turbios e invernizos, y el trato de las nobles damas del séquito interesado y mezquino. La princesa no entendía sino dos palabras del idioma castellano. Don Sebastián la veía desvalida y prisionera, como en las novelas fantásticas, raptada de un castillo lejano por un ejército enemigo. Comenzó a sentir el empeño obstinado de hacerla libre. ¿Acaso amor no pretende aunar esas dispares ansias de libertad entre dos? En don Sebastián fue aquel desafío temerario, como dirigir los ojos enfermos al sol abrasador, alto y lejano, a riesgo del daño y de la ceguera. Para entretener el viaje de doña María Ana, para ocupar sus manos desasistidas —pues el libro y el bastidor de bordar se le caían del regazo—, para desprender sus ojos del horizonte áspero y llano, salpicado de algunos ralos manchones de pinar, don Sebastián le regaló un gatito de cabeza parda, siamés, muy dormilón, suave de pelaje como un ovillo de lana, travieso a veces: alargaba sus zarpas feroces hacia la cadenilla del pecho de doña María Ana, mordisqueaba un botón del manto, trepaba por las guatas del asiento. Era un cachorro de tigre y un muñeco de trapo, todo a una.

—Para mi Reina, de Sebastianillo —dijo el enano, ceremonioso. Y se lo entregó.

Fue el primer regalo de don Sebastián. Se lo entregó con pasión y ternura. Porque también él era tigre y muñeco, deseo y quimera. Como Domingo Gálvez. Aquella valentía y aquella timidez. Aquella obsesión y aquella zozobra. Tenía Domingo en la cabeza el sonido del teléfono, como un pensamiento repetido. Había desayunado en una cafetería, luego compró el periódico, subió a casa. Iba al ventanal —al aire de la calle se aclaraba— y volvía al sofá, miraba el reloj, ¿recibiría ya Sara el ramo?, hojeaba el periódico. Luego se distraían, se desplomaba sin fuerzas, era como aquel minino de doña María Ana, inquieto y perezoso. Le bullían en la cabeza todas las razones y excusas caviladas para salir al paso de las ¿protestas?, ¿recelos?, ¿reparos? de Sara, temeroso de haberla desafiado con una fechoría, una travesura inoportuna, una gratuita efusión que a veces se juzga ridícula durante esas vicisitudes temblorosas del enamoramiento efervescente. Era como salir a escena, ponerse ante la cámara: estar entre bastidores solo, con el papel aprendido, ansioso, obligado de golpe a renunciar al tiempo propio y sumergirse en otro. Oía en la cabeza el sonido del teléfono y sabía, al mirarlo, que cuando de verdad repicara, de un momento a otro, le asustaría. La voz de Sara sonaba en la penumbra de los cines, en las pantallas del televisor, lenta, arisca, tomada, como de quien ha sobrellevado, en escasos años turbulentos, ciertos sinsabores. Una voz con arrastrada resaca biográfica, tras el divorcio —con modales civilizados, pero doloridos—, el acabamiento de aquella protesta asamblearia del pecé por la instauración de la democracia —consigna, camaradería, fiesta—, o el revolcón sentimental, unos años después, al ver a su hija colgada de la heroína. Pero también la voz de Sara se acomodaba a esa fluida y cálida tesitura sensual de los anuncios de relojes suizos, los perfumes de París, el gel espumoso de los trópicos de ensueño: ¿Domingo?, qué rosas tan preciosas, eres un cielo. Focos, cámara, acción:

El teléfono en la mesita de cristal, al lado de la butaquita. Suena tres veces. La mano regordeta lo alcanza. La cámara sigue su movimiento: la cara de Domingo, expectante. ... Ruborizado. Sí. Sonrisa avergonzada, pudorosa. Me alegro, Sara. Protesta débil, entrecortada, es que... La mano libre juega con el cordón del auricular. Es que fueron unos días de rodaje muy... No, Sara, es que... Por el placer de trabajar juntos... A lo mejor me acerco, sí. ... Nada, bueno, yo, ... Tenía que decirte... Confuso, aterrorizado. ¿Te veré? Se azora, la voz se aflauta, despeja los labios, se queda sin palabras; los ojos, apasionados, se gastan en una decisión pavorosa. ... Ya, no, no, nada, es que... ... Adiós, adiós. Cuelga el teléfono.

Y cortan. Una escena irrepetible. Qué agobio, qué apuro, tiembla, se levanta, se disgusta consigo mismo, se odia, está contento. No sabe qué hacer y está solo.

—Así que tenías un plan, una cita.

—En California, calle Goya —dijo Domingo—. A cenar. Luego al teatro, después a tomar unas copas.

—Vida de artistas. Como en las películas: cenan en un restaurante, suena la orquesta, bailan, el chico le regala una joya y se declara. Así nunca falla.

—Sí —dijo Domingo—. ¿Por qué nos creemos esos engaños irreales? Porque nos proyectamos en los sueños. Las películas son sueños.

—Pero lo tuyo no fue un sueño.

—Yo prefiero una *trattoría,* una mesa con mantelito de cuadros rojos y blancos, bajo un emparrado, unos violines y las melodías napolitanas. Canciones que hablan de estrellas lejanas, cerca del mar de Sicilia. Son escenas más sabias: se sabe que el amor tiene fin, pero aun así es dulce.

—Me gusta, Domingo, pero no te entiendo muy bien. ¿Te refieres a la protagonista de la película, aquella italiana, cómo se llamaba?

—Mariella Cassola —dijo Domingo.

—Era muy guapa, ¿verdad?

—Sí, pero no pensaba en ella.

—¿También estuviste haciendo películas en Italia? Eso nunca me lo contaste, qué suerte.

—Sólo algún *spaghetti-western,* en Almería. Escenas de relleno, en un salón, en un pobre corral de mexicanos o en las carreteras de las caravanas que atravesaban Winsconsin. A veces, en los atardeceres, alrededor de la hoguera, sonaba una melodía folclórica y todos sentíamos la aventura interior de los pioneros. Un viaje a la ilusión, sin retroceso.

—No haces más que hablarme de música, ¿tan importante es? Yo nunca me fijo en las películas, a no ser que cante Sara Montiel, Paquita Rico, las folclóricas aquellas.

—Sí —dijo Domingo—. La película de Sebastianillo necesitaba una melodía de fondo. Pero no sé cuál.

—¿También era músico Sebastianillo?

—No, nunca tuvo buen oído. En cambio el enano don Juan de Austria tocaba muy bien la guitarra, aunque prefería no prodigarse en público. Don Sebastián oía otra música silenciosa. Un eco. Los sueños son músicas que no oíamos, pero que recordamos. O quién sabe si al revés. La música es el sonido de los sueños.

—Es igual, Domingo. ¿Qué música sonaba cuando te declaraste a Sara? ¿Un vals?

—Aunque no fuera para siempre —dijo Domingo, ensimismado—. El amor, una vez. Como Sebastianillo.

—Habla un poco más alto, que no te oigo bien. ¿Qué decías?

—No me siento bien.

—¿Lo ves, Domingo? Es por apartarte de tus recuerdos. Así te amargas. Aunque algunos duelan un poco, pero son tuyos, y vuelves a ser tú mismo.

—Yo no quiero ser yo mismo —dijo Domingo—. Prefiero inventarme.

—Bueno, eso tampoco es malo, porque eres un artista. Pero Domingo Gálvez tiene mucho que contar. Aplausos, triunfos, premios, viajes, ¡una vida así!

—Es como si fuera otro, una vida ajena.

—Es que eres un rebelde, un inconformista. Eso también es malo. Muchos no se conforman y así les va. Mira Paquita Lorca, lo mucho que ganó, las veces que actuó en La Granja para el General, las medallas que le dieron, ¿y cómo acabó? En un asilo. Y si no, acuérdate de Marylin: se suicidó. ¿Qué le faltaba?

—Quién sabe —dijo Domingo—. El artista siempre está solo. Y lleva dentro un sueño imposible. Por las mañanas nos odiamos, por las noches el mundo es teatro. Los amaneceres nos saben a resaca, a desecho. Nuestra cabeza es un escenario, un cabaré lleno de bulla. Pero se acaba la función, se despuebla, y todo es triste.

—No te desanimes, Domingo, no quiero verte triste. Acuérdate de aquel día, te llamó Sara, le mandaste claveles, fuiste a verla a la cafetería Goya.

—California. Goya era la calle. Y no eran claveles, eran orquídeas.

—Es igual, ¿ves qué buena memoria la tuya? Qué emoción, los dos solos, frente a frente, bueno tú eres pequeñito, pero veías sus ojos, ¿no tenías vergüenza?

—Sus ojos verdes. Pero no era a solas. También estaba Vidal Solana, Pepe Hoz, Ana Figueroa y otros. Y Lola. Los vi entrar.

—¿Quién era Lola? Nunca me hablaste de ella.

—Lola Miranda, la ayudante de dirección de la película. A mí me tenía mucha simpatía. Era un poco loca, pero cariñosa, y muy servicial. Hacía favores a todos.

—Ah, ya. ¿No era muy putilla? No importa. ¿Cómo te miraba Sara, qué sentías, estabas asustado?

Toda la tarde hizo planes, pensó las palabras adecuadas, abría el armario y no sabía qué traje ponerse. ¿Qué hora era ya? El tiempo no pasaba. No podía soportar aquel encierro en casa, ni siquiera *Gastón* le hacía caso. A ratos se sentía desfallecer y se acobardaba, pero luego creía ver a don Sebastián de Céspedes burlarse de su indecisión: ¿fue fácil mi vida?, ¿no luché y me humillé para tener esto que tengo, esta casa, la finca en Trijueque, el puesto en Palacio, los recuerdos?, ¿acaso Sara impone mayor respeto que la Reina de España? Eran las cuatro, las cinco, el reloj no corría. Entonces decidió darse una vuelta por el Tentadero, en la calle Victoria, *¡Volteretas!,* cómo se alegraban de verle, el limpia, los camareros, los viejos clientes, algunos novilleros retirados. Qué poco nos quieres, *Volteretas,* le decía Acisclo, ya no quieres ver a tus compañeros de cuadrilla, se notaba que era rico y famoso. Domingo protestaba halagado, nada de eso, una ronda para todo el mundo, ¿qué sabían de los demás? Antonio Rouco, *el Gallego,* se había muerto en Orense, *el Filigranas* seguiría en su pueblo, *Acis* como siempre, en Vallecas, a lo que salía. Brindaban por los viejos tiempos, a ver si no los olvidaba tanto, que no renegara de su pasado torero. La taberna conservaba aquel ambiente de museo de hacía diez, quince años, aquel aire embalsamado y melancólico de álbum sobado, los ecos desvanecidos de aplausos y broncas, las imágenes solisombrías de viajes, talanqueras, sudor y muerte, las gastadas conversaciones que repasaban anécdotas y faenas, ¡ozú!, inolvidables percances y glorias, presididas por los ojos vidriosos de los toros disecados, aquella mirada negra y cornalona, en las paredes empapeladas con viejos cartelones amarillentos. Acisclo se alegraba de verle, *Volteretas,* ¿no podía proporcionarle un papel en el cine?, estaba harto de no hacer nada, ya no quedaban compañías de toreros bufos, ya no quedaban circos en España, a ver cómo podía sacar unas pesetas. Domingo no podía quejarse, tenía trabajo en la serie de televisión, pero el director era como don Francisco, el empresario de la cuadrilla, todo a su gusto, explotando a los actores contra sus convicciones, además, un director italiano, ¡qué podía saber de Felipe IV! *Acis* no pestañeaba, asentía, claro, qué injusticia, pero Domingo no podía quejarse: lo había visto en la segunda cadena. Y allí estaba como un señor, traje a medida, anillo en el dedo, ¿era auténtico?, joé, y oliendo a colonia varonil. Y qué pena la muerte del *Gallego.* ¿Se tomaban otra copa?, había que animarse, joé, otra para el limpia, que se quedara con la vuelta, el hombre protestaba, ya sabe cuánto estimaba a *Volteretas,* al *Acis,* al *Filigranas,* a toda aquella cuadrilla, y no era por interés, que una vez Jemingüey, un escritor americano, le había dado quinientas pesetas de propina, de las de entonces. Domingo escabullía de repente el pensamiento, sofocado, y desviaba la mirada hacia el viejo reloj de la estantería, un reloj como inmóvil con el que, sin embargo, las furtivas miradas de los parroquianos ociosos se inquietaban con amargura. Y a medida que suponía que la tarde caía fuera, más allá de las mesas de mármol y de la puerta ennegrecida, iba advirtiendo la zozobra opresiva de los toreros tumbados en la cama del hotel, a la espera de salir para la plaza.

—¿A qué hora te fuiste, Domingo? ¿Llegaste el primero?

—Sobre las ocho y media —dijo Domingo—. Ya sabes cómo son los sábados a esas horas, el tráfico, la gente desquiciada.

—¿En tu coche? No sé cómo podías conducir.

—Fui en taxi —dijo Domingo—. El coche lo tenía para dar algún paseo fuera de Madrid, y para visitar a mi hermana en Zamora. Un Renault verde, preparado a mis medidas.

—Coche, apartamento, copas en las cafeterías, ¿y dices que no eras rico? Y una cita con Sara, ¿como cuánto era de guapa? No me la imagino bien.

¿Cómo era Sara? Algo huesudos los pómulos, la mirada grande, firme, verde, los labios más bien finos, que al roce, sin embargo, abrasan, ¿no era de esas mujeres que parapetadas tras un fondo trágico son capaces de una inmensa ternura? Me escuchaba, no se reía, no me compadecía, no se asustaba, me oía, entiendes, Sara, cómo te amo. Frente a frente, ella cogía ahora de la mesa el vaso largo de *gin-fizz*, lo acercaba a la boca, sorbía un poquito, me miraba atentamente, recogía el secreto confidencial de Domingo, ¿revivía la escena aquella de la película, entre Sebastianillo y la reina doña María Ana, juguetona, que cuando se enfadaba decía «peludo, peludo», una palabrota muy fea? El taxi bajaba por Alcalá, tras la verja del parque se encendían las farolas y la fronda de la arboleda recogía inquietantes, vacíos misterios, los pensamientos de Domingo se embarullaban con satisfacción y miedo. Ya el taxi enfilaba Núñez de Balboa: pocos viandantes en las aceras, los anuncios encendidos sin reclamo, las tiendas cerradas: esa desbandada del atardecer del sábado. A estas horas, en su caserón de la Cava Baja, don Sebastián aparta el visillo del ventanal y contempla el patio silencioso y siente esa seguridad del orden y del tiempo en que nada cambia; luego sigue con la mirada, hacia lo alto, la aguzada silueta del ciprés, como un huso o índice hacia la lejanía acuosa, donde apunta una estrella.

Como una corona de sueños revolotean en la copa gorriones chillones.

El taxi emboca la calle Goya, se para delante de la iglesia de la Concepción, frente a la cafetería, al otro lado de la calzada.

—Pero no me bajé del taxi —dijo Domingo—. Me quedé esperando, todavía no eran las nueve.

—¿Vigilabas la puerta? Era como una película de espías, eso me gusta.

—Era pronto —dijo Domingo—, necesitaba serenarme.

—¿Encerrado en el taxi, pegados los ojos al cristal? ¿No estabas impaciente?

—Vigilaba la puerta, los que entraban y salían.

—Ya sé: no podías bajarte. Eres pequeñito y llamabas la atención. ¿No es dura la espera?

—Sí, todas son duras. Porque se empieza a dudar de uno mismo.

—¿Cómo? ¿Dudabas de tus sentimientos?

—No, no era eso. Quería verla llegar, si venía sola o no.

—Y el contador del taxi corriendo, derrochando pesetas.

—Vi a Lola y a Vidal Solana.

—Te imagino, con la cabeza pegada a la ventanilla, agazapado como un hurón. ¿O estabas acobardado?

—No sé —dijo Domingo—. De pronto todo se puso de revés. Me espiaban a mí, no se quién. Era yo el espiado.

—Una alucinación. Era por el susto, la cobardía, seguro.

—Vigilado, como prisionero. No tenía fuerzas para salir del coche. ¿Has visto esas mariposas aleteando contra el cristal, sin encontrar la salida? Igual yo.

—Por hacer las cosas mal, Domingo. ¿Por qué no esperaste a Sara en la cafetería? La veías llegar, te levantabas, le ofrecías asiento. Hubieras tenido tú la iniciativa.

Pasaba y no pasaba el tiempo. El taxista se había cansado de hacer preguntas, ponía cara de fastidio. Parloteaba la radio, como un moscardón molesto. El cielo era pardo, opresor, sobre las farolas amarillentas. En las aceras a veces raleaban los viandantes, de pronto se abría el semáforo y la caravana de coches impedía ver la acera de enfrente, la esquina por donde aparecía Sara. Domingo reconoció primero a Pepe Hoz, el dramaturgo de palabra azucarada, apoyado en su bastón estético, el abrigo de cachemir sobre el cuerpo, sin meter las mangas, abierto por delante, Sara a su lado, Merino al otro. Se detuvieron a la entrada de California, conversaron unos instantes, luego entraron.

—Mandé marchar al taxista —dijo Domingo.

—¿Marchar? ¿Adónde?

—A casa.

—¿Sin ver a Sara? ¿Sin acudir a la cita?

—Sí, es que...

—Muy mal. ¿Estabas rabioso? ¿Fue entonces cuando te sentiste mal, te vino el primer mareo?

—Todavía no. Además, rabia no era. Por un momento hice un esfuerzo para bajar del taxi, pero no pude. Una angustia inmensa. Luego...

—¿Qué cosa? Esto me parece importante.

—Sentí ganas de llorar.

—No te avergüence confesarlo. ¿Es malo llorar alguna vez? Y no estabas bien, te mareabas, ya no eras tú.

—No, nunca me mareé. Las alucinaciones vinieron luego, no sé si aquella noche o al día siguiente. Pero ya estaba en casa. Y no sé si vinieron o yo las busqué.

Entró en casa tembloroso y fugitivo, como a salvo de una persecución angustiosa en una ciudad hostil, amenazado por asesinos reclutados en los muelles de San Francisco; la noche, ya alta, en película de blanco y negro, ajena, desvivida en los tugurios malditos de borrachos, putas y negros, la música sofocante, los policías brutales, la soledad del héroe urbano sin más cobijo que una lamparilla de luz y más entretenimiento que un cigarrillo; la mole de los edificios amenazadores, y la jauría de coches que en las esquinas acechan o pasan, con un chirrido.

Cerró la puerta del apartamento, pasó el cerrojo y se apoyó unos instantes, de espaldas, contra ella, ¿cuánto tardarían en venir a buscarle? Perseguido por *Gascón* fue hasta la alcoba, se tumbó en la cama, empezó a serenarse. Vio entonces el armario abierto y el frac blanco que estrenó en el festival de San Sebastián. No quiso encender la radio, porque aunque sonase *As time goes by,* no había ningún avión furtivo que le aguardase en el aeródromo de Casablanca, ya a punto del amanecer. En cambio oía música de orquesta, un fox, ¿no era inadecuada?, y empezó a vestirse con ceremonia el frac, la pajarita, ante el espejo. Echó de menos el clavel rojo en la solapa, y rebuscando en las macetas del balcón, encontró unas ramas de geráneo. Volvió a la salita y se sirvió un whisky, se sentó en el sofá, preparado para cuando vinieran a buscarlo. En la pared contempló dos fotografías de aquel festival: una subiendo las escaleras del teatro flanqueado de espatadantxaris cuando la exhibición de *España cañí,* la otra en el comedor del Reina Cristina, junto a Anouk Aimée, cuando le dijo que las mujeres le gustaban con pelito corto, para que lucieran los ojos grandes, llenos de ternura y tristeza, como fado portugués. La noche por fin era aliada, aunque viniesen más tarde a buscarlo sin miramientos a punta de pistola: con su frac blanco, la pajarita, el vaso de whisky en la mano, el cigarrillo con sus volutas, nena, estoy hecho de la madera con que se hacen los sueños. Pero ya estaba parapetado, ya estaba armado, para siempre, después de un largo día, ¿uno sólo?, en que la tragedia se fue anudando paso a paso por acumulación de sutiles errores hasta un final decisivo, desde que mandó un ramo de rosas a Sara, muñeca, hasta ese instante de espera y disposición.

—Ahora tomo té de menta, delante de la hoguera —dijo Domingo—. Qué silencio, apenas crepita la llama.

—¿Qué hoguera? ¿Es una película de misterio? Ya te estás inventando.

—Y hace frío. Estoy sentado en el suelo, sobre las piernas cruzadas. La luna está muy alta, quizás sea la hora de entrar en la tienda a dormir.

—Quieres despistarme, pero ya lo tengo. La hoguera, la tienda, la luna..., eres un explorador, en Virginia, en Kansas. ¿No te da un poco de miedo la noche? Los indios, las alimañas.

—Cuanta más soledad, menos miedo. El solitario sabe su destino, es aliado de las cosas.

—¿No hay nadie contigo? ¿Ninguna mujer?

—Estoy solo. La caravana duerme, las cabras, los camellos, es una noche muy grande.

—¿Camellos? ¿Dónde estás, Domingo? Eres un poeta, tan pequeño, y cómo inventas. Pero ya te adivino la película. Es de ingleses contra moros, ¿eh? Me gustan. Sobre todo las batallas, cómo atacan a caballo, cómo gritan los moros, lo traidores que son.

—No hay gritos, ni batallas, ni harcas. En el desierto se habla poco y en voz baja. Cuesta mucho romper el silencio. Sólo el viento, a veces, cuando levanta tolvaneras. El silencio es indescifrable, está lleno de palabras.

—Desiertos, selvas, siempre sueñas con lugares extraños. Pero qué pasa en tu película, quién va contigo.

—Es un viaje a Samarkanda —dijo Domingo—. Al final de todos los caminos.

—No sé de qué hablas. Qué vas a buscar, cuenta. ¿Está contigo Sara? ¿La besarás en la tienda?

—Samarkanda es un nombre viejo y lleno de rumores. Allí hay palacios que relucen, mercaderías de todas clases, se hablan todas las lenguas. Allí se conocen muchas verdades, pero ninguna es definitiva.

—Me parece una historia aburrida, Domingo, perdona que te lo diga. Yo creo que me ocultas una sorpresa. Hace días que no conoces a nadie, como si ya no fueras tú mismo. Incluso estás menos hablador.

—¿Sí? No me pasa nada. Estoy bien, de veras. No tengo pesadillas, no me molesta ningún recuerdo. Sólo que se me enfrían mucho los pies, pero nadie me persigue, ya no huyo. Es largo mi viaje a Samarkanda.

—No te creo. ¿Has olvidado a Sara para siempre? ¿Ya no te atormenta su recuerdo?

—¿Atormentarme? Creo que no. Nómadas, beduinos, beréberes, tuaregs, sufren de otro modo. Quizás porque miran de otra manera. El mundo es grande, el desierto es un mar, las palmeras son mástiles, las caravanas flotillas de delfines, de ballenas peregrinas, subiendo y bajando dunas. Los ojos se hacen pequeños, dos rendijitas, pero ven más. La arena abrasa.

—Qué raro todo lo que dices, Domingo. Me gusta, pero es raro. Has cambiado mucho, ya no te acuerdas de tu vida. ¿Te has olvidado de don Sebastián?

—No olvido nada. Atrás quedan aldeas, oasis, olas de arena. El viaje a Samarkanda es muy largo. Pero nada se olvida.

—Y dale con el viaje. ¿Te hacen bien esos inventos? Lo único que consigues es quedarte murrio. Te olvidas de tus recuerdos, de tus cosas, no lo niegues. ¿Qué día es hoy, a ver si lo sabes?

—¿Hoy? Creo que jueves.

—Muy bien. ¿Y qué hacemos todos los jueves?

—Por la tarde viene la señorita y hacemos juegos.

—Eso es. ¿Y por qué ahora no quieres actuar? Duermes más, comes menos, ya no te gusta disfrazarte y divertirnos. ¿Hoy tampoco?

—La hoguera me ofrecerá una visión esperada. Llegará en silencio, se sentará en la alfombra de cabra a tomar el té, probará los dátiles, fumaremos. Yo veo sus ojos. Nada más.

—Todos queremos que actúes esta tarde, tienes que animarte, Domingo. Ya no tienes pasiones, ni siquiera en la memoria. Imagínate que está Sara, ¿tú que harías?

—¿Sara?

—¡Por qué me miras así! Por ella enfermaste, ¿te acuerdas? Eras un artista famoso, el enano más famoso de España, hiciste una película con ella, tú eras don Sebastián y te volviste loco de amor.

—¿Cómo?

—Eso. Loco de amor. Fíjate qué título de película.

—¿Fue una locura? El viento lleva la arena de una montaña a otra. Yo me miraba al espejo y veía otra persona. Yo era don Sebastián, vestía como él, y en el espejo, en cambio, estaba Domingo Gálvez. Y al revés, cuando me miraba en el espejo me encontraba con aquel hombre de placer. La Reina lo amó.

—¿La reina doña María Ana amó a don Sebastián? Cuenta, cómo fue. ¿Y no lo persiguió el Rey?

Nadie vino a buscarle aquella noche, pero los esperó vestido de gala, con esmoquin blanco, pajarita, flor en la solapa, el humo del cigarrillo enturbiando sus ojos, la copa de Martel en la mano, era en París. Todavía hacía frío, los cielos eran grises. Los esperó a oscuras en el apartamento, algo borracho y a punto de llorar con las canciones clandestinas de Radio Liberté, apenas un murmullo efusivo y huidizo en el aparato de la mesita. ¿Eran canciones para él, en esa noche en que lo iban a detener? Los esperaba en la butaca, frente a la puerta, oía los pasos recios en la escalera, un ladrido, abatían cerrojos a patadas, todo tan deprisa, ya estaban allí, *alt!,* lo derribaban de un culatazo, lo encañonaban, lo sacaban a rastras. A veces se desvanecía la emisión, manipulaba los botones, acercaba el oído, de pronto interferían gritos alemanes, marchas militares, melifluos bisbiseos destinados a socavar el ánimo, otra vez recobraba los mensajes en clave, las canciones melancólicas, la palabra libertad. A oscuras iban pasando las horas silenciosas, alteradas de súbito por disparos de francotiradores en las azoteas, replicados de inmediato por el tableteo de las metralletas, el bocinazo de una sirena, el gangueo de una camioneta de soldados, otra vez el silencio. Sólo una vez se acercó a la ventana, apartó con cuidado el visillo; en la esquina de la calle seguía apostada la siniestra patrulla. Volvía a la butaca a esperarlos. ¿Y si no aparecieran?, ¡cuánto tardaba el amanecer!, algo más borracho y con lágrimas en los ojos al escuchar melodías entrañables, recados cifrados, arengas patrióticas. ¿Por qué estaba así, si suponía con satisfacción que Sara estaba a salvo con la Resistencia en un sótano camuflado, tomaba café caliente, le firmaban el salvoconducto falso, la alertaban con recomendaciones suspicaces; al día siguiente era una maestra rural que tomaba el tren de Lyón, conseguía zafarse del cerco, subía a las montañas pirenaicas con los partisanos, estaba dispuesta a entregar su vida por la patria y por la libertad? Ya no se verían nunca más, o quién sabe, semanas después del desembarco, en aquel hospital improvisado de las afueras, ¿no era su voz?, el corazón dejaba de latir, giraba la cabeza, la veía, corría, la llamaba, ¡Sara, Sara!, se abrazaban, se besaban, ella lo creía muerto: sus ojos se encharcaban de dulce emoción, la cámara los rodeaba lentamente, daba una vuelta completa en torno a ellos, se alejaba, ellos seguían quietos y abrazados, otra vez el amor y la libertad, inseparables. Qué buen final. Los ojos se le humedecían. Pero lo sacaban a puntapiés, lo encerraban en el furgón, lo arrastraban al calabozo maloliente, aquel carcelero brutal era Franco Varessi con casco, barboquejo, uniforme gris, botas y fusil: lo reconocía por sus ojos de acero, por la furia bestial con que le golpeaba, pateaba y torturaba antes del interrogatorio. El oficial de ojos gatunos y modales cínicos era Merino; le ofrecía un cigarrillo, le mandaba sentarse bajo la lámpara cegadora, qué amable, se paseaba por el despacho, pedía un café, le enseñaba una foto, ¿la reconocía?, ¿dónde estaba Sara?, horas y horas, se desmayaba, se dormía, lo despertaban a golpes, lo arrastraban por el pasillo, le arrojaban cubos de agua para espabilarlo, daban taconazos, cerraban puertas, pasaban cerrojos. Hacinado entre otros prisioneros judíos en un vagón de mercancías viajaba hacia el Este desde el martes, por las rendijas pasaban campos fríos bajo la niebla, andenes lluviosos y desiertos; una tarde lo encerraron en un barracón sin estufa. Pero a mitad del sueño aterido le encendieron una linterna ante los ojos, lo llevaron sin explicaciones al pabellón de oficiales, iluminadas las ventanas en la noche, entre risas y cantos lejanos. Lo subieron a un escenario destartalado y lo arrojaron bajo la luz cegadora al centro del plató. Hubo un instante de silencio sobrecogedor. Entonces alguien golpeó la claqueta, clac, como si desamartillaran un fusil, pero en seguida se oyó el piano con las notas alegres de la balada *Aquella morena mesonera de Leipzig*, y se alzaron de la sala voces efusivas de guarnición borracha, que él aunó con manitas inseguras hasta formar un orfeón de camaradas. Los militares sin graduación de las últimas bancadas se balanceaban con jarras de cerveza en la mano y sentían tanta emoción civil en el pecho que al final bebieron un largo trago para ahogar sus convicciones sentimentales. ¿Qué más querían de él bajo el cañón de luz? La música de circo le obligaba a dar volatinas chuscas por el escenario, luego hubo de torear un morlaco zaíno a las sones de *Carmen,* y sin solución representó la pantomima obscena de un presentador maricuela en un *kabaret* de suburbio. ¿No había descanso? ¿No detenían el rodaje? Redoblaba ahora el tambor anunciando el más arriesgado número de la noche, que habría de decidir la extensión de su cautiverio. Apagaría desde lejos, una tras otras, todas aquellas velas encendidas con su voz aflautada, con cada chillido desaparecía una llama. Pero Herr Kommandant no aplaudió ni una sola vez, destellaba su monóculo frío, bebía sin pasión sorbitos de champán francés, comía caviar ruso, acariciaba la fusta. Cuando sonaron las notas del himno nacional, todos los asistentes se paralizaron en pie con marcialidad sagrada, brazos en alto; entonces advirtió, sin embargo, la mirada esquiva y acerada de un oficial de la SS, se llamaba Merino. Le acompañaba una mujer rubia y de tez pálida, silenciosa y engañada, con vestido de noche ajustado a su cuerpo bellísimo, ¿no delataba su envarado talante la desdicha de sufrir vejaciones sexuales?, ¿por qué se hacía la desconocida?, era Sarah. Sarah. Tal vez le enviara luego algún mensaje confidencial al barracón.

Fue una noche larga y turbulenta. Domingo se despertó mucho después del mediodía, cuando le comunicaron por teléfono que el lunes a las ocho se presentase en los estudios; se había cambiado el plan de rodaje por una afonía de Mariella Cassola. Pero ya no se sintió bien. Otro, dentro de él, lo soñaba. Oía en su cabeza pulsaciones planas y anchas, como si fuera una hoja de plátano y le cayeran del alero los últimos goterones de una tormenta, plas, plas, no paraban, plas, plas. Deambuló por la cocina, por el salón, por el baño, como si hubiera olvidado qué tenía que hacer. Se enjuagó la boca reseca, ¿le faltaba la voz?, se miró en el espejo y vio a otro, a Domingo Gálvez con ojos confundidos, acobardados, vergonzosos, ¿no era aquel que había incumplido una promesa, faltado a una cita, huido de un encuentro? Qué pensaría de él Sara.

Don Sebastián de Céspedes se ríe de aquella cara del espejo, y sus risas resuenan en el aposento, en galerías y corredores, se burla, le hace reproches. «Si os vierais en el espejo, Dominguillo...» Domingo Gálvez se palpa los ojos hinchados y llenos de espanto. «Qué trazas tenéis, Domingo, ¿acaso así podrías interpretarme?» Domingo va a su cuarto y se acuesta en la cama, boca abajo, pero don Sebastián de Céspedes se acerca ahora con paternal confidencia. «No basta sufrir una pasión de amor, Domingo —le dice—, además hay que saber que el mundo sólo merece el desdén. Esta es la verdad firmísima que no ha de olvidar ningún artista. Ea, válete por ti mismo.» ¿Pero cómo desdeñar el mundo si todavía abrasa el deseo? Don Sebastián se va, Domingo abre los ojos de espanto, ¿por qué le abandona? Don Sebastián le hace una mueca cómplice: ¡ah!, también los bufones son artistas, intérpretes, fingidores. Libre por dentro, aferrado a un inolvidable recuerdo de amor, simula hacia afuera un empeño tenaz en todos los quehaceres. Quizás ahora esté ocupado en negocios, habrá escuchado la aldaba de la calle, y es que vienen a satisfacerle unas deudas por la venta de aceites de su finca de Trijueque. La administración de sus bienes le ocupa a don Sebastián buena parte de las mañanas, pero en este quehacer es muy minucioso, apunta todos los trueques, compraventas y gastos. Quizás haya adquirido esa costumbre rigurosa en el Alcázar, donde un ejército de covachuelistas y escribanos empapelan las consejerías con miles de escritos, como si ese fuera el remedio para enderezar el desgobierno y las desdichas del reino. Tal costumbre es herencia y vicio de Olivares, que para ejercer su poder absoluto, atajar las conjuras y vigilar a personas y cosas, todo lo anotaba, asentaba y metía en archivo. Hasta las intenciones parecía incluir en registro para así contar en los instantes comprometidos con informes, documentos y dimes y diretes comprometedores para sus enemigos. Olivares se fue, hace de esto ya más de diez años, pero el Alcázar quedó poblado de leguleyos, escribientes y chupatintas. Con los años, esa afición febril al papeleo es ya un fin en sí y una maraña inextricable. Pero hoy don Sebastián de Céspedes ha de pasar por la joyería de Fernando Simón —el apellido ya delata su raza—, en la puerta de Guadalajara, donde ha encargado una pulserilla de oro para la infantita Margarita Teresa. La menina quiere mucho al enano, y le sonsaca regalos, golosinas y caricias. Aunque don Sebastián se resiste, pues se supone que los hombrecillos de placer, como los reyes, en público carecen de afectos, por decoro y razón de oficio, sin embargo acaba por complacerla y satisfacer sus caprichos. Con la infantita siente la misma ternura que con *Vittorio* y con otros animalejos, y el afecto surge de la compasión: tan indefensos, tan menudos y necesitados los ve. En todos esos juegos y carantoñas, que empieza con decisión, gasta poco tiempo, porque al ser cincuentón le pesan los recuerdos, le han menguado las fuerzas del cuerpo, ya no tiene edad para ejercer de niñero, pero rueda por el suelo, gatea por la alfombra, miauu, es un michino, caza ratones, pájaros, mariposas, miauuu, maúlla, ronronea, bufa; ella ríe, palmea, ahora quiere vestir y desvestir muñecas. La Reina no juega mucho con su hija, y en esto más parece hermana mayor que madre. Por relación de edad entre ambas sería muy justo, pues doña María Ana no había alcanzado los diecisiete años cuando la alumbró. Dicen, además, que descuida su crianza. Algunos, muy en privado, y más con los ojos que con palabras, achacan esa condición desmadrada a su origen de extranjera testaruda, obstinada en no acomodarse a los usos de la Corte de Castilla. Lo que más ofende de la Reina, si es que su real persona puede causar ofensas, es la desconfianza hacia sus camareras y damas del séquito. Se la acusa de tener trato más confiado con azafatas, criadas y bufones, que con las damas nobles. ¿No es eso desmerecer a condesas, duquesas y ricas damas? ¿Lo hace por humillarlas? ¿O por capricho y empecinamiento arisco? ¿Acaso es más digna de confidencias su doncella Isabelita que la duquesa de Lerma, su camarera mayor? Ese proceder, dicen muchas, es altanería, que siempre es defecto. Otra cosa es majestad y decoro regio, que nunca en la Corte de Castilla han estado reñidos con la cortesía, y aun con la llaneza. Pero don Sebastián sabe a qué atribuir esos recelos de la Reina. Primero, que la Corte es avispero, y las falsedades y los intereses disfrazan los afectos. Luego, que un país prestado y un marido de encargo han desconcertado su última niñez, y de ello todavía no se ha repuesto. Ese desconcierto ya lo advirtió don Sebastián en el viaje de llegada a Madrid: era una princesa cautiva y solitaria, servida por séquito numeroso y brillante, pero más interesado que fiel. Por eso don Sebastián le había regalado un gato, para aliviar su soledad y confusión. Pero hay más. Rumores malvados no han dejado nunca de compararla con la primera esposa de don Felipe, la Reina doña Isabel de Zúñiga, que murió hace ya... ¿nueve años?, ¿tantos?, en 1644. No es que las prendas de esta reina desmerezcan de su predecesora —¡no es así!, ¡no es así!, protesta don Sebastián en su alma—, sino que la modorra de las mentes y la pesadumbre de los tiempos actuales llenan el pecho de suspiros por la bondad de cualquier tiempo pasado. Las bocas se extasían y papan aires de nostalgia con el recuerdo de aquel tatarabuelo y con el abuelo de nuestro rey don Felipe IV, cuando el sol no se ponía en sus dominios. Ahora, en cambio, el imperio está destazado, carcomido y ruinoso, y se pudre como una fruta, el daño ya ataca al hueso. Pero es tal la ceguera y la incapacidad de todos que las ideas se agostan; como el descrédito es común, cualquier novedad o brote de cambio se toman por paparrucha, conjura o herejía. ¿Cómo entender, pues, la gracia vividora y diferente de doña María Ana? Sojuzgada así, ¿no eran sus rabiosillos desaires algo más que monaditas de niña y desplantes altaneros? Y eso no era todo. Para alimentar sus suspicacias, en contra de su ánimo dispuesto a la franqueza, y a la risa, y al goce espontáneo, estaba su grave obligación de reina. Se le reclama con presteza un heredero. ¿Está encinta Su Majestad?

Dicen que se mareó en el paseo. ¿Come con más apetito? Pues pudiera ser señal de... Ya ha abortado dos veces, una antes de engendrar a la princesa Margarita; otra, después. Y se da prisas por alumbrar un varón, o un bastardo usurpará el trono: hay camarillas que intervienen en favor de Julianillo Valcárcel, ese mozo tarambana; otras, incluso son partidarias de Miguelito, el hijo de la cómica Calderona, tan hermoso y espigado a sus doce años, empleado como paje de don Luis de Haro, que mal puede disimular en su rostro algunas trazas paternas: la mandíbula huesuda, la tez pálida y algunas pecas, aunque en lo demás es hechura de la madre: ojos, color de cabellos, nariz, y para muchos una mezcla de encanto y malicia, que pese a su edad, es ya provocadora. En estos años, al repasar las desdichas familiares, parece como si una sombra de cuervo se cerniera dañina sobre la Corona y oscureciera con malos presagios los postreros años de don Felipe. A un rey tan veleidoso y enamoradizo sólo le crecían los hijos ilegítimos: el príncipe Baltasar Carlos falleció en aquel mismo año aciago en que murió su madre. Por fidelidad o inconstancia prendió y ignoró su poder en manos de los privados, y el pueblo se los desacreditaba, con lo que debía alejarlos de su vera para remediar disgustos peores. En fin, tan increíble su mucho imperio, pero las fronteras del reino se descosían. Para aliviar esas desventuras necesitaba la distracción de la caza, la afición a los espectáculos y el concurso de bufones, cómicos, pintores y poetas que escayolasen sus días y los embellecieran con gracias, muecas, colores y versos. La vida, así, podría ser un bello sarao. A sus años, también rondaba los cincuenta, como don Sebastián, Su Majestad no había cumplido nunca con su única e intransferible obligación en este mundo: dejar un heredero legítimo a su muerte. Gobernar es negocio de validos, regidores y eclesiásticos, pero perpetuarse —los bastardos crecen fuera del tiesto— es en los reyes sacro destino. Don Sebastián de Céspedes, que se reconcomió en alguna ocasión de celos ilusos —una tenaz fantasía de sus melancólicos días de otoño—, quiere vengar a doña María Ana de su suerte: se le marchitará la mocedad con preñeces, abortos y partos, hasta que alumbre uno, dos, tres varones. Cuando el séquito es estricto y de confianza, el enano se refiere al Rey por el parentesco que guarda con doña María Ana: «Vuestro *tío,* Majestad...», le dice, remejiendo la lengua viperina y simulando con gravedad la cruel cuchufleta. «Vuestro tío el Rey, mi Reina...», ¿y ella se desconcertaba?, ¿se enfadaba?, ¿reía cómplice?

—Enano peludo, te corrtarré la cola, te castrrarré.

—¡Ay!, ¡ay!, ¡ay! —y sale corriendo.

¿Con esas provocaciones desvergonzadas no la ayuda a ser más libre? A su vez don Sebastián reparaba su servidumbre, y ella misma su sometimiento. Ambos se vengaban. ¿Es que en las personas sojuzgadas la libertad no es posible sin la venganza? Porque aquella burla rodó. Una tarde sofocante de verano, cuando la pesadez de las horas de la siesta incita a gozar blandamente de los sentidos, don Felipe entró en los aposentos de la Reina. Ella bordaba; una de sus damas le leía una aventura de cautivos entre turcos, la penumbra de la sala invitaba a la sosegada quietud, mientras afuera, tras los balcones y las ventanas, sobre la fronda del bosque, el sol calcinaba el aire. Entró el Rey, y turbó la apacible reunión.

—*¡Tío!* —dijo doña María Ana con sorpresa afectada.

La lectora y las doncellas, con sumisa disposición, recogían con atropello de manos, abandonaban la estancia, sofocadas por el pudor. Pero doña María Ana dejó la aguja y el bastidor, saludó a su regio esposo, esmeró la zalema engañosa.

—¡Oh, *tío!,* ¿venís a visitarme? —dijo, alzándose.

Que se fueran pronto las azafatas, fuerra, fuerra, las oxeaba como a gallinas, ¿no veían que tenía visita de su *tío?* Ah, pero que aguardaran un instante, ¿no querría una limonada, un refresco su *tío?,* ¿no?, pues fuerra, fuerra, ¿qué hacían allí pasmadas?

Salieron todas y los reales esposos quedaron a solas, mas por corto tiempo, pues apenas se había cerrado la puerta cuando se oyeron palabras desabridas y al punto Su Majestad salió del aposento congestionado, colérico, con pasos recios. Regresaron las servidoras y su ama las recibió con mohín de asombro, ¿había hecho ella algo malo?, hola, ¿qué podía hacer? Afectaba ahora desconsuelo, se recostaba en el sillón, ya no tenía ganas de bordar, estaba muy fatigada, muy calurosa, que le trajeran un pomo de perfumes, se salpicaba unas gotas en el cuello, en el lobulillo de las orejas, entre los pechos chicos, qué buen olor el agua de violetas. Si se dormía, que no la despertaran, chitón.

Al despertarse a media tarde aquel sábado, al día siguiente de regresar de Sigüenza, Domingo se sintió satisfecho de ser don Sebastián de Céspedes. Estuvo primero inmóvil con los ojos abiertos, ¿en qué pensaba?, como si el tiempo estuviera suspenso. Luego llegaron los pequeños ruidos, las pezuñas de *Gascón* en el pasillo, ¿por qué no estaba a su vera *Vittorio?*, más apagado un bordoneo de radio pregonando una clamorosa goleada en el Molinón, la puerta metálica y vieja del ascensor. Más calmado y sin fatiga, con vaga memoria, pensaba en aquel actor irresoluto que había huido la tarde anterior de una cita en la calle Goya, había regresado a casa acobardado, y se atormentó después con pesadillas de película. *Meine Damen und Herren,* las luces del *kabaret,* la fusta del comandante, el barracón entre la niebla. ¿Lo habían sentenciado por mal actor? Ta, ta, ta, ametrallado contra el muro. ¿Lo fusilaban por pequeñito? Viejos, lisiados, judíos, enanos: una tropa miserable y dócil arreada como un rebaño de ovejas a la corraliza, ¡guau, guau!, conducida por mastines de hierro con sus cascos, fusiles, botas de clavos. Pero la toma no servía. Ta, ta, ta, otra vez ametrallado contra el muro, y vuelta a rebobinar la imagen, y a morir con estallidos de fuego en el pecho. Al despertarse comprendió Domingo la decadencia de los actores fracasados, las desavenecias amorosas, el alcoholismo del actor famoso de

Hollywood sin dinero para pagar las facturas de su mansión en Beverly Hills, la neurótica ansiedad de la estrella envejecida examinando sus arrugas en el espejo, el endiosamiento necio del galán marchito, la ansiosa llamada al cirujano que hace milagros con el *lifting* de piel, el miedo a interpretar un papel ante la cámara. El cáncer del actor es el tiempo, los espejos desacreditan su arte, y no hay máscara convincente para la máscara. Necesitaba la oportunidad de rehabilitarse, superar alguna prueba, probar que aquella cobardía era pasajera. Ante el espejo don Sebastián contempló el rostro abotargado del actor, los párpados hinchados por las muchas horas de sueños turbios, la barba hirsuta y rasposa al tacto, aunque por falsa caracterización, porque yo, Domingo —le dije—, toda mi vida fui lampiño, y por eso doña María Ana tomó la costumbre de decir *peludo* a todo el que la contrariaba, aunque otras veces esa palabra llevaba en sus labios carnosillos y sonrosados dejes irónicos, musiquilla afectuosa. Pero en los ojos extraviados de Domingo, como en el fondo de un río, temblaba la imagen de un rostro espejeante. Sí era, no era, sí era el de Sara.

Dejó la cama y sin percatarse muy bien adónde le llevaban sus pasos entró en la cocina. Abrió la nevera para buscar una cerveza fría que no encontró. Picó unos tacos de queso, mordisqueó unas galletas, y comió una manzana. Se le había despertado el apetito. También *Gascón* estaba hambriento, remolón, algo impertinente. Le dio de comer, lo acarició, le dijo algunas palabras familiares, *Vittorio*, eres un truhán, sí señor. En todo este tiempo la memoria de Domingo trabajaba con el mismo procedimiento devastador que el olvido. Don Sebastián le advirtió que debía encararse, no obstante, con su sueño y su desvelo, «sí, por Dios, es menester», le dije. Sé que entendió, porque el cómico, el actor, se desdobla y enajena en sus personajes, los suplanta. Se afeitó, se vistió, salió de casa, con aullador reproche de *Gascón*, como si adivinara que aquella era una despedida para siempre, «*Vittorio* —le reconvine—, no importunes, ¡qué alboroto es este!». Tomó café en el bar de la esquina, ¿un cortado?, el camarero parecía burlarse al contemplar mi tamaño, ¿cortado, dice?, pero él hizo una mueca de cansancio, allí enderezado sobre el taburete de la barra. Después salió a la calle, esperó un taxi y lo tomó con destino a los estudios Roma. En el asiento de atrás su tenaz silencio respondía a un convencimiento irreversible, a la vez deslumbrante: él era el *otro,* o mejor, don Sebastián de Céspedes era él. Encontró los estudios cerrados y llamó con insistencia al timbre, «¡hola!, ¿nadie responde en la casa?», hasta que un vigilante cariacontecido apareció, y por señas pedí que me abriera. Después de los saludos le hice saber mi propósito. El guardián se negaba, convencíle y franqueó el paso. Como era conversador y aguardaba recompensa, contó que la mañana había sido muy ajetreada: la italiana perdió la voz ante la cámara, se volvió histérica, se negó a seguir ante los focos, *che c'è, dimmi, cara, sono Franco, io, Mariella,* todo inútil, ni caso le hacía al director, atención todos, media hora de descanso; apagan los focos, comienza la desbandada, todos se fueron al bar, cámaras, tramoyistas, operadores, figurantes, criados, palaciegos, damas, representantes, el Rey, la Calderona. Ya no se reanudó el rodaje, no veas cómo se pusieron los productores. Domingo buscó en guardarropía mi atuendo, y tras desvestirse, comenzó a ataviarse con ceremonia y liturgia, como si fuera a representar por vez postrera su papel. Fue así poniéndose camisa, calzas, jubón, valona y botas. Luego, en el camerino de maquillaje, comenzó la caracterización del rostro. Fue una tarea minuciosa y solemne, como quien sale de una ceguera y recobra la visión de un viejo paisaje ensoñado. Como la sugestión artística exige una minuciosidad artesanal, primero se ajustó la peluca, después mostacho y mosca —una impostura, pues como ya relaté en otra ocasión, nací barbilampiño y así moriré, pero sé, después de tanto trotar por caminos y salones del Alcázar, que es preciso que la ficción enmiende la vida—. ¿Acaso hay otro modo de resistirla cuando se vislumbra el declinar de sus soles? Vino luego la labor primorosa de agrisar las cejas, empolvar la mejilla, colorear suavemente los labios y retocar la línea de los ojos, de modo que el tiempo de mi cara fuese creíble. Fue preciso agrisar las sienes y hacer menos vivo el pestañeo. Por fin, ante el espejo, allí, sólo había aquella imborrable mirada de la tarde en que amé a mi Reina doña María Ana, mi bien todo.

Todo a punto, se ciñó tahalí y espada, terció la capa al hombro, tomó en una mano los guantes, el sombrero en la otra y salió a la calle. Otra vez en taxi, bajó la Castellana, dio una vuelta por el Prado, que es paseo muy concurrido por los madrileños, pues allí toman los aires, conversan, meriendan bajo las arboledas, lucen sus carrozas, intercambian negocios, citas y secretos. Recordó Domingo la primera vez que don Sebastián lo transitó en coche, ¿no fue con don Juan de Tassis, conde de Villamediana, mi amo, a poco de llegar a la Corte? En estos últimos años, en cambio, voy sólo en contadas ocasiones, escoltado por mi fiel Pacheco. Domingo recordó otra escena brillantísima, aquella otra vez que recorrí aquel paseo en la misma carroza que Sus Majestades —don Felipe y su primera esposa—, yo en la estribera, ellos dentro. Pero mi figura diminuta les hurtó durante el recorrido las miradas y la admiración de las gentes apiñadas a lo largo de las calles —Mayor, Sol, la Carrera de San Jerónimo—, pues el lujoso desfile se había iniciado en el Alcázar y tuvo su fin en los Reales Jardines del Retiro, donde se celebraron las inolvidables fiestas por el nacimiento del príncipe Baltasar Carlos. Yo era todavía mozuelo y cucañista, el mundo era para mí desafío, componenda, goce y trampa, más de esta que de aquel. Qué distintas se ven las caras de las gentes cuando se es viajero y se lleva a solas el mundo con uno. Domingo por fin mandó dar la vuelta; entraron por Alcalá y se apeó delante de la Telefónica. En seguida en torno suyo se formó un gran tropel.

—Fuiste un valiente, Domingo. Atreverte así por la Gran Vía.

—¿Valentía? El actor que hace Otelo quisiera serlo hasta el fin. Su dolor era el mío. Un fatal deber.

—¿Un deber? ¿No te sentías ridículo con aquella facha, en mitad de la calle? Hasta los guardias te llamaron la atención. La gente se reía.

—Yo me sentía digno —dijo Domingo.

—No estabas bien. Estabas alucinando. Querías reparar tu cobardía con Sara. La noche anterior habías faltado a una cita. Por eso es locura.

—Era una prueba que tenía que superar. Pero había más. Yo era Sebastián de Céspedes. Había aprendido esa lección.

—¿Cómo, eras dos personas? Yo vi una vez una película parecida. Me gustó. Un médico que se hacía un jarabe y se lo tomaba y se volvía otro, un asesino. Luego era él otra vez. El doctor no sé qué, Yéquil o algo así. Una película de miedo.

—Sí, la pasión transfigura —dijo Domingo—. Nos da lucidez, dicta lecciones. También nos desdobla.

—¿Qué lecciones? No entiendo.

—Don Sebastián me enseñó a desdeñar el mundo. Un poco de credulidad y mucho de desdén. Sólo los sueños nos hacen justicia. Eso lo sabemos los artistas. A don Sebastián el mundo le cabía en la cabeza y en el corazón. Por eso era libre, en la medida de lo posible.

—¡Tan enanito y con todo el mundo dentro de su cuerpo! Me haces gracia, pero no te entiendo. Los artistas tenéis la costumbre de hablar con palabras de vuestros personajes. Os dais mucho pisto.

—Es que sabemos que somos un sueño, una explosión fugaz. Una película y un telón de fondo, que cae y se lo lleva todo.

—¿Lo ves? Toda la pantalla para ti. Os gusta llamar la atención, en la calle, en los aeropuertos, en todas partes. Será por vanidad.

—No lo hacía por vanidad. La vanidad es una excusa por escapar del miedo.

—¿Tenías miedo? ¿A quién?

—Miedo de mí —dijo Domingo—. A no saber esconder mi amor.

—Y eso te volvió loco. Te empeñaste en ser don Sebastián por la calle, qué figura, dando mandobles con la espada. ¿De veras te creías él?

—Sí. No la exacta repetición de unos hechos, sino la manifestación de un anhelo. Creo que envidiaba más el recuerdo dichoso que llenó su vejez, que la misma experiencia de amor que tuvo. Quizás fueran lo mismo.

—No sé qué decirte, Domingo. Te pones tan pensativo que me parece que exageras. Seguro que muchos te veían ridículo. ¿Qué te decían?

—No escuchaba. De todo, supongo. Unos me aplaudían, otros se burlarían, no sé. Sí, uno me preguntó si había salido de un cuadro del Prado. Pero nunca me sentí ridículo.

—¿Nunca nunca? ¿Ni cuando toreabas en las plazas, aquellas charlotadas?

—Ni entonces. Tampoco en el teatro.

—Ahí eras artista, era distinto. ¿Ves como todos sois vanidosos? ¿Nada de vergüenza?

—Nada.

—Tan pequeñito y la escandalera que armaste. Una vez me lo dijiste, el tráfico se atascó por tu culpa. Y tú con aquel disfraz, más loco que don Quijote. Calle arriba y calle abajo. De enanito andante. ¿No te hace gracia ahora? Como don Quijote, igual, por amor a su dama. ¿Cómo se llamaba?

—¿El amor de don Sebastián? María Ana, la Reina.

—Eso ya lo sé, Domingo. Cómo se me va a olvidar. La dama de don Quijote, su nombre.

—Dulcinea.

—Pues tú igual. Pero Sara no estaba en la Gran Vía, ¿por qué te fuiste allí? ¿Para pregonar por todo Madrid que la querías? El día anterior no quisiste verla, y luego aquel zipizape. ¿Habías bebido? ¿Tomaste droga de esa?

—No —dijo Domingo—. Pero vivía los mismos efectos. La luz que ven los ciegos. Tenía un gran coraje, un fuego que me llegaba a los ojos. Ella era la Reina, yo era don Sebastián, lo demás no existía. Por una vez la película era la verdad.

—Estabas muy mal. Tanto fingir. Eso enloquece. Y después ¿qué pasó?, cuenta. ¿Te detuvieron? ¿Te trajeron al sanatorio?

—¿Después? —dijo Domingo—. No sé.

—¿Me escuchas? ¿Ya no quieres recordar?

—En el desierto a veces oyes muchas voces. Las caravanas pasan, la huellas se borran, pero el viento trae y se lleva las palabras que otros se dijeron junto al fuego, en las jaimas. No todo en nosotros termina.

—Ya agachas la cabeza, como si no me conocieras.

—La busqué en el zoco, tenderetes, pregones, cabras, vendedores de serpientes, tratos, chilabas, caftanes, salmodias, aquellos ojos que buscaba bajo el velo. La reconocí.

—¿Me cuentas otra película? ¿A quién reconociste?

—A Sara. Venía a mi encuentro.

—¿En la calle? ¿En la Gran Vía? Lo confundes todo, Domingo. Juegas a fingir.

—No fue en la calle, fue en un café. Me rescató.

—¿En aquel café que tanto visitabas? ¿El Gijón? Te recogió y te trajo al sanatorio. Pero ¿qué pasó entre vosotros?

—Fíjate en el sol que entra por el ventanal —dijo Domingo—. Los rayos se deshacen en motitas azules. Como estrellas. Chocan contra las sombras del suelo. Polvo de estrellas. Me recuerda los espejismos del desierto.

—¿Qué desierto?

—Aquel que acaba en Samarkanda.

—Otra vez con esa historia. Esa película ya me la contaste ayer. Era de moros. Sara era una esclava, tú la comprabas, te casabas con ella y entrabais los dos en la tienda. Una noche de amor. Me gustó, te lo dije.

—No dormí en toda la noche —dijo Domingo.

—¿Aquella noche que estuviste con Sara? Cuenta, Domingo, me parece que llegas al final. Haz un esfuerzo.

—Se apagaban las últimas estrellas. A lo lejos ya veía las murallas antiguas de Samarkanda.

Después de aquella escandalosa peripecia por las calles de Madrid, recorriendo arriba y abajo la Gran Vía, con las mismas ropas que vestía para interpretar al bufón Sebastianillo, Domingo Gálvez se dirigió al café Gijón en busca de Sara. Pero en su delirio protagonizaba una historia de amor en Casablanca. Oía en la cabeza la melodía que Tony interpretaba al piano, *As time goes by,* y mientras avanzaba entre las mesas con su atuendo extravagante creía advertir caras recelosas de contrabandistas, espías, fulanas, traficantes de armas y pilotos de paso. Cuando la vio, bajó rápido las escaleras, pasó entre las mesas, se quitó el sombrero, se acercó —la gabardina ceñida, los cuellos alzados—, la sujetó del brazo, se inclinó para besarla en la mejilla, su voz era ya apasionado susurro al oído, Sarah, nena, ya estoy aquí. Ella ni se inmutó, aspiró el cigarrillo, expulsó una larga bocanada de humo dolido e indiferente; sus labios, como dos cuchillas, sesgaban el tiempo, llegas demasiado tarde, Frank. ¡Corten! Vale la toma, a positivar, cuidado con esos cables, ¡veinte minutos de descanso para todos!, muy bien, querida, has estado maravillosa, ¿de veras?, con estos pelos, hoy me toca eso, maravillosa, querida, has estado muy bien. Pero no era esa escena: el cafetín apenas iluminado, el techo de bovedillas, aquel aire de cava o catacumba, la música de yaz, el negro sudoroso con los ojos cerrados, inflados sus carrillos, la serpiente del saxo, las manos de la pianista Bertha Tieghel hacen acordes esponjosos y los ojos se llenan de agujeros, los jerséis son negros, las miradas lacias, la canción de Bessie se cae por un agujero interminable, oyen sus ecos rodando por la noche, el saxofonista, Johnny mete el tiempo en sus carrillos, lo macera con sus dedos y lo arroja con denodado ejercicio de liberación, ella con la melena lacia, silenciosa como una india sin tienda, kalakalá kaguaká, ahora cierra los ojos y no ve las caras existenciales de escritores, pintores, bailarinas, argentinos, periodistas de *Le Figaro,* profesores refugiados, enjaulados en aquel vagón de esclavos por los algodonales del blue, lamidos por la foca cafard de la melancolía mojada, Johnny resopla el saxofón que zigzaguea sin locomotora, Bertha arroja sus manos al teclado de la vía, jadea el largo tren por un sollozo oscuro y el túnel se llena de lágrimas, en la estación los ojos se ciegan de humo y nos descargan en un barracón de desvelos cuando sienten las burbujas de la *nausée* hervir en la noche del estómago, así que bebe un trago de vodka para apagar los ardores de *l'existence,* antes de dormir con olor negrero en los territorios de Nueva Orleans, cerca de los campos de música mississippí que fluye sin prisa hasta atracarlos en el malecón *rive gauche* de alcohol triste. Pero tampoco era esa escena de película, la vida era un almacén de suburbio, un hangar en el campo, un silo de objetos desguazados tantas tardes en el café Gijón, así que hay que cerrar los ojos y escribir en esa pizarra oscura con la tiza blanda de los sueños garabatos ilusos, ecuaciones con solución de fábula, mensajes del doble, del otro, todas las películas que Domingo no protagonizará. Domingo Gálvez envió a don Sebastianillo al Gijón, entró con aire decidido, ajeno a la extravagancia intemporal, interrumpió peroratas de académicos, se embobó el corrillo de poetas de Tomelloso, se desconcertó la tertulia mística de «Poesía Española», se rieron las putillas de Chicote, alargaron su cuello las zancudas modelos de Pedro Osuna y se alegraron los actores de la compañía. Quién iba a ser, Domingo Gálvez: explicaban que tenía papel de bufón en una serie sobre Felipe IV. Lo recibieron con juerga, siempre tan figura, tan dandi, jodido enano, se formó un corrillo junto a la barra, lo alzaron a un taburete, siempre tan presumido con sus atuendos, el enano más elegante del mundo, con sus trajes de Celso's, otras veces con su capa española, pajarita roja, pulsera, anillo, melena bohemia y bastoncito, cuando estuvo a punto de actuar en la Comedia con el papel de Max Estrella, le palmeaban el hombro, le desafiaban a que desenvainara el acero, ¡voto a Cristo, traidor...! Eran bromas cariñosas, entre compañeros, gracias a él se había animado el Gijón, pero don Sebastián de Céspedes los miraba a todos con ojos de enajenación y constancia. Le pidieron un whisky Pepe lo reconoció, se lo serviría como siempre, con tres hielos, sin agua, hacía veinte años que se conocían, antes de que Domingo hiciera sus primeros papeles ¿no era entonces torero, *el Volteretas?* Periodistas y actores comentaban la desvergüenza nacional de que un italiano dirigiera la serie *Felipe IV*, una bofetada al cine español, y el reparto otro disparate, ¿saben quién hacía el papel de Monarca?: Vidal Solana. Don Sebastián de Céspedes se bebía el whisky sin saborearlo, sus ojos eran aguanosos y tenaces, desconcertados por la transposición anacrónica, explicaba que él era un hombrecillo de placer de la Corte, pero guardaba un secreto abrasador, ¿no lo contaba?, ¿se hacía de rogar?, bebía otro sorbo de whisky por fin se decidía, a don Sebastián le amó una vez la reina María Ana. Qué simpático, Domingo, jodido embustero. Estaba como si viera visiones, destinado a llegar bajo las estrellas a las puertas de Samarkanda, Samarkanda era hoy Hollywood, la ciudad de los sueños complementarios. Muy cerca alguien explicaba el escándalo de la Gran Vía, creía que Domingo se buscaba publicidad, un truco del productor Sáez, pero no quería marcharse, decía que buscaba a Sara. Entonces se acercó Lolita Miranda, se la encontraba en todas partes, tan vistosa y llamativa siempre con sus pendientes grandes, sus collares, sus pantalones ceñidos, le dio dos besos, qué haces así vestido, Domingo. Lola lo quería mucho, pero se extrañaba de que tuviera esa mirada perdida, ¿se encontraba bien?, ¿estaba borracho?, con aquellos ojos de ido, ¿no te habrás tragado un tripi? Lola estaba preocupada, no lo podía dejar solo, había que buscar un médico, nadie sabía con quién vivía Domingo Gálvez. Pepe el camarero decía que tenía familia en Vallecas o Moratalaz. ¿No sería mejor llevarlo a urgencias?

—Pero quién te llevó a casa de Sara, cómo llegaste.

—No sé —dijo Domingo—. Qué más da. Hay tiempos inútiles, que se olvidan. En las películas se desechan los momentos innecesarios.

—A ver. Eras don Sebastián de Céspedes en la Gran Vía, luego estuviste en el café de los artistas. Después te llevaron a casa de Sara, ¿no fue así?

—Así fue.

—Ella te esperaba. En el cine me gusta que las mujeres esperen a los hombres. Por la emoción del encuentro, las palabras que se dicen, los besos.

—A veces sobran las palabras.

—Entonces ¿qué pasó? Cuando Sara te abrió la puerta y os visteis. Cuenta, Domingo.

—Nos miramos.

—¿Cómo? Tú tan pequeñito, ella desde lo alto. Cómo fue esa mirada, esa visión.

La reina María Ana contemplaba las huertas, el río, la arboleda con los primeros oros en las copas, el cielo alto y azul, las luces de la mañana ya cegadoras, intensas. De súbito sus manos delicadas tiran del pomo, todo su cuerpo puja por abrir las pesadas puertas, su cara se crispa con mohines de rabia. Por fin consigue separar las hojas encristaladas y se asoma al balcón. Oye ahora gorjeos de pájaros, voces de jardineros, el silencio caluroso del mediodía. Las manos apoyadas sobre el antepecho de la balaustrada, inmóvil como una estatua, se distrae con pensamientos amargos. Los días se le hacían monótonos, la Corte parecía haberla olvidado, pero llegaba el otoño y el regreso al Alcázar de Madrid tampoco le ofrecía horizontes halagüeños. Su mirada advirtió a lo lejos los cerros ocres y agotados por la larga canícula, sintió un desasosiego ansioso. ¿Pero iba a entristecerse? Quería saltar, correr, dar gritos, volar. Ya estaba contenta. Volvióse adentro, pasó a la cámara donde leía, bordaba, conversaba —sin abandonar sus recelos—, con las damas principales. ¿No estaba Isabelita?, la llama, ¿y las demás azafatas? Quería pasear en barca, ahora mismo, ir a la isla, almorzar sobre la yerba. Como con repentino capricho de niña, pedía que dispusieran todo presto, iba de un lado a otro de la sala, ¿qué tenía que hacer? Se vestiría con ropas ligeras y frescas. Pedía que llevaran muchos refrescos. Y frutas. Y sombrillas. Ordenó que buscaran a la infanta Margarita, también tenía que ser feliz, que interrumpiera sus lecciones, hoy tendría fiesta. Y que llamaran a don Sebastián para que las entretuviera. ¿No se daban prisa?, ¿eran perezosas?, Su Majestad no quería servidoras peludas. Después ordenó que tuvieran buen cuidado de no advertir a la duquesa de Osuna ni a ninguna de las damas principales que compartían con ella aquellas jornadas de descanso en Aranjuez. ¿Descanso? Tan caluroso el verano, tan largas las tardes, más bien le parecían días de destierro.

Poco después, el reducido séquito se disponía a pasar a las barcas. *Vittorio* ladraba inquieto, corría, jugaba con la infanta. Doña María Ana saltó la primera a la embarcación, casi se cae al agua con el balanceo, se había asustado de veras, por eso se reía tanto. Luego pasó doña Margarita, *Vittorio* le ladraba, quería ir con la niña. Pasó también Isabelita a la misma barca, y en la segunda se acomodaron otra azafata, don Sebastián, y un mayordomo a cargo de las cestas de viandas y bebidas, ocultas bajo manteles bordados.

Con suave chapaleo de remos se quebraban las aguas remansadas, y las ondas se rizaban tenues hasta la orilla, donde se agitaban nubecillas de mosquitos. Era un paseo muy feliz, la menina quería mojar las lanas de *Vittorio,* se volteaba sobre la borda, ¿y si se caía, por Dios?, a Isabelita le daba un sofoco. Tan pronto las barcas se distanciaban como iban a la par. Doña María Ana rechazaba la sombrilla, se recostaba hacia atrás, cerraba los párpados, recibía los rayos del sol en la cara, ¿no temía perder la blancura de su piel? No le importaba nada, ¿acaso las reinas no imponen las modas? Don Sebastián se reía, malicioso: «En Castilla, Majestad, no hay modas, sino modos. Y estos hace cien años que no cambian.» Ella no entendía muy bien aquel juego de palabras, ¿estaba siendo un enanillo peludo? Los sotos y arboledas de la orilla ocultaban ya el Palacio, aquel severo caserón construido por Herrera. Ahora las barcas se habían distanciado, doña María Ana hacía señales el enano, ¿no se divertía?, ¿por qué no se tiraba al agua?, lo sacarían como a un pez. Ella se acordaba y se reía: el mismo Sebastián le había contado cómo entró por primera vez en el Alcázar, servido como un besugo en una bandeja, aderezado con perejil. ¿Quería Su Majestad que agonizara en el fondo de la barca?: don Sebastián se removía, boqueaba, temblaba con estertores graciosos. ¡Hacía tanto que servía a los Reyes!, doña María Ana no había nacido cuando el conde Villamediana se lo regaló a don Felipe.

Fue un paseo muy alegre, muy divertido, río abajo. El Tajo, disminuido por el estiaje, se remansaba no obstante aquí y allá con verdor profundo. ¿La princesa Margarita tenía hambre? Todos tenían hambre, ahora regresaban, ya daban la vuelta, se acercaban al embarcadero de la isla. La isla es como una barca entre los brazos del río, como un camafeo, una medalla ovalada; es paraje delicioso por sus jardines, las arboledas, las aves cantoras. La comitiva desembarca con la misma zozobra y risas que hicieron placentero el paseo. Manda la Reina buscar unas sombras, que extendieran los manteles, que prepararan la comida. *Vittorio* se había perdido por un sendero, ya volvía, la infanta Margarita le daba pan, tartaletas de carne, uvas, *Vittorio* no quería uvas, ni melocotones, ni higos. Menos el mayordomo, que servía refrescos, repartía platos y cortaba sandías, todos se sentaron en el suelo. Sonaba el zumbido del moscardón de verano, olía la tierra, el aire era plácido, ¿verdad que los emparedados, los quesos, las frutas estaban apetitosos? Al mirar hacia lo alto doña María Ana veía vidrieras, el ramaje verde, los cristalitos azules del cielo, y los rayos del sol que penetraban en la espesura. Ah, qué a gusto, respiraba hondo, tras el yantar sobrevenía desmayo de los miembros, abandono. Don Sebastián, recostado en el suelo, mordisqueaba una brizna. La infantita se inquietaba, ya no encontraba juegos, quería irse otra vez a la barca. Su Majestad creía conveniente que la llevaran a Palacio, ¿por qué no se iban todos? Que se quedara don Sebastián, ¿verdad que el enanillo la defendería de las alimañas?, ¿erra valerroso?

—Y os quedasteis solos. Por fin.

—Así fue —dijo Domingo—. Ya todo era fácil, no tenía miedo.

—¿Pero no sentías pasión? ¿Estabas frío?

—Había perdido la noción del tiempo. El único reloj era el corazón.

—¿Te latía fuerte? Pero quiero aclararme bien. Tú y Sara, solos. ¿Y los que te habían llevado a su casa?

—Se habían ido.

—¿Y Merino? No escondas ningún detalle, Domingo.

—Ella y yo solos —dijo Domingo—. Ajenos al mundo.

—Entonces, también se había marchado el médico. ¿Por qué no te ingresó aquella noche? Te veía mal, decías incoherencias. Te creías don Sebastián, ¿no vestías como él? Y Sara era la Reina, recuerda.

—Yo hablaba muy despacio, eso era por los calmantes. Pero no decía incoherencias. Lo veía todo flotando, muy muy despacio. A cámara lenta. Ella se quitaba los zapatos, enseñaba los pies desnudos, jugaba con los ojos, provocaba mordiéndose el labio, le hacía cosquillas a don Sebastián con una yerba, solos en el bosque.

—¿Le decías eso a Sara? ¿Le contabas aquella película que no te dejaron hacer a tu gusto?

—Sí —dijo Domingo—. Reivindicaba a mi personaje y mi amor. Los sueños que vivimos en otros. La verdad del arte es superior a la de la vida.

—¿Ya me vas a contar teorías, Domingo? Esas cosas enloquecen. Pero tú amabas a Sara, le habías mandado rosas, ¿le dijiste tu amor?

—Sí. También superé aquella prueba.

—¿Y se compadeció de ti? Aquella locura que te había entrado, ¿no sería que fingías? A veces no se sabe si dices la verdad. Tantos años aquí, sin querer salir. Inventándote películas, haciéndote viejo.

—Don Sebastián de Céspedes caldeó su vejez con un luminoso recuerdo. Los días le eran gratos en su casa de la Cava Baja, evocando el día que amó a su reina en Aranjuez.

—No me hables de ciudades. El otro día me hablabas de Samarkanda, una ciudad en el desierto.

—Es lo mismo —dijo Domingo—. Las estrellas de Samarkanda, los jardines de Aranjuez. Los sueños complementarios. Hay un lugar, un momento, que contienen todos los lugares, todos los momentos.

—No me embarulles con palabras. Prefiero que te inventes películas, Domingo. Ya no sé si de verdad le dijiste a Sara que la amabas tanto.

—Se lo dije —dijo Domingo—. Sí. Creo que sí.

—¿Sí? ¿Cómo fue?

—Se lo dije y me besó.

—¿Te besó Sara? ¿Dónde estabais?

—En su casa, en el salón. Los dos juntos en el sofá.

—¿No me estarás contando la escena de ayer en la televisión. Hacían teatro, *Don Juan Tenorio*. A veces pareces burlarte. Tenías sueño, el médico te había dado unos calmantes.

—Después del amor se siente sueño.

—¿Cómo fueron sus besos, como en las películas?

—Sí —dijo Domingo—. Apasionados. Pero dulces y largos.

—¿Y os besasteis? Me gusta cómo se besan en el cine, nunca me parecen largos esos besos. ¿Y te echaba los brazos al cuello? Qué más, Domingo, cuenta.

En el cuello cortito, en las orejitas, en la nariz, ella le hacía cosquillas con una paja, ¿se iba a dormir su bufoncito?, ¿su hombre de placer? Ahora hacía mohínes asustados, era una reina abandonada, se la comerían las alimañas del bosque. Don Sebastián apartaba el hierbajo molesto, se enfurruñaba, un poco en falso, se dejaba ablandar por aquellos dengues graciosos. En parte eran juegos de niña, en parte burlas provocadoras. ¿Él era un bravo guardián, un galán severo? Los hombres de placer de los reyes no abandonan con facilidad su natural desconfianza, y siempre tienen presta su dañina maledicencia. «¿Qué, alimañas? —preguntaba—. ¿No será que don Felipe, vuestro tío y esposo, era un jabalí fiero y la arrollaría, un lobo viejo que la sangraría, un tiburón lleno de dientes que saldría del agua a tragarla?» Doña María Ana se disgustaba con esas bromas crueles. No estaba bien referirse así a su real esposo, mandaría que le arrancaran la lengua. ¿Iba a ser un enano bueno o peludo? Estaba muy ofendida, no quería sus brromas, decía con la aspereza de sus erres austriacas. Reposaba en el suelo, silenciosa, cobijada su mirada por la bóveda frondosa del ramaje. Su cuerpo se abandonaba en una dejadez perezosa. Sentía calor. Se quitó los chapines y las calzas, mostró los pies desnudos, movía los dedos con libertad, como si el aire le hiciera cosquillas. Reprendió con arrumacos a Sebastianillo, ¿no le daba vergüenza ser tan peludo?, ¿por qué la miraba con ojos de sátiro? Ella le enseñaba los pies desnudos, los dedos eran bichitos que subían, subían y subían por las piernecitas del enano, cinco deditos como escorpiones que le picaban en la barriguita. Luego, la Reina le dijo que tenía sueño, se le cerraban los ojos, verdes y extranjeros, remoloneó, sentía el sofoco del aire. Sin ninguna malicia, le quitó el jubón, apartó la basquiña y ofreció a la vista sus menudos pechos, como dos pajaritos indefensos. Don Sebastián de Céspedes nunca olvidaría aquel arrebato de eternidad. Con sus manitas estremecidas, ay, entradas en los umbrales de la vejez, rozó aquellos senos de nieve, acercó su boca abrasada a los labios quedos de ella, «mi amor, mi Reina», le dijo, y en ese momento la cámara se retiraba lentamente, se alzaba con discreto movimiento hacia la alta fronda, por donde entraba cegadora una colada de sol. Era, al fin, el último plano de la película: la imagen del ancho río, el palacio de Aranjuez, la arboleda de los sueños, y acercándose, sobreimpresionada en la inmensa pantalla, la palabra

FIN

COLECCIÓN AUSTRAL
CONTEMPORÁNEOS

Títulos publicados

Eduardo ALONSO: *Los jardines de Aranjuez*
Fernando ARRABAL: *Genios y figuras*
Félix de AZÚA: *Historia de un idiota contada por él mismo o El contenido de la felicidad*
Giorgio BASSANI: *El jardín de los Finzi-Contini*
Victoria CAMPS: *Virtudes públicas*
Camilo José CELA: *Esas nubes que pasan*
Jesús FERRERO: *Bélver Yin*
Gabriel GARCÍA MÁRQUEZ: *El otoño del patriarca*
Juan GARCÍA HORTELANO: *Tormenta de verano*
Nadine GORDIMER: *Ningún lugar semejante*
Graham GREENE: *El revés de la trama*
Pedro LAÍN ENTRALGO: *Cuerpo y alma*
Giuseppe Tomasi di LAMPEDUSA: *El Gatopardo*
Carmen MARTÍN GAITE: *Desde la ventana*
Luis MATEO DÍEZ: *La fuente de la edad*
Eduardo MENDOZA: *La verdad sobre el caso Savolta*
Alberto MORAVIA: *La Romana*
Iris MURDOCH: *Bajo la red*
Soledad PUÉRTOLAS: *Burdeos*
Fernando SAVATER: *Ensayo sobre Cioran*

Autores de próxima aparición

Isaiah BERLIN
Antonio GALA
Patricia HIGHSMITH
Antonio MUÑOZ MOLINA
Jean François REVEL
Augusto ROA BASTOS
Manuel TUÑÓN DE LARA

ÚLTIMOS TÍTULOS PUBLICADOS EN COLECCIÓN AUSTRAL

Luis Chamizo
244. **El miajón de los castúos**
Edición de Antonio Viudas

Olegario González de Cardedal, Marcelo González Martín, Manuel Alonso Olea, José Ángel Sánchez Asiaín, Juan Velarde Fuertes
245. **Acerca de *Centesimus annus***

Teresa de Jesús
246. **Camino de perfección**
Edición de María Jesús Mancho Duque

Dámaso Alonso
247. **Oscura noticia. Hombre y Dios**
Edición de Antonio Chicharro Chamorro

Antonio Buero Vallejo
248. **El sueño de la razón**
Edición de Mariano de Paco

Lisón Tolosana
249. **La imagen del Rey**

Pedro Laín Entralgo
250. **Tan sólo hombres**
Introducción de Ricardo Doménech

Juan Ramón Jiménez
251. **Cartas. Antología**
Edición de Francisco Garfias López

Juan de la Cueva
252. **El infamador. Los siete infantes de Lara**
Edición de José Cebrián García

Ramón del Valle-Inclán
253. **Baza de espadas. Fin de un Revolucionario**
Edición de José Manuel García de la Torre

Azorín
254. **Castilla**
Edición de E. Inman Fox

Aurelio M. Espinosa
255. **Cuentos populares de España**
Introducción de Luis Díaz Viana

Ramón del Valle-Inclán
256. **Martes de Carnaval**
Edición de Jesús Rubio Jiménez

José Francisco de Isla
257-258. **Fray Gerundio de Campazas**
Edición de Russell P. Sebold

José María Jover Zamora
259. **La civilización española a mediados del siglo XIX**

Luis Alonso de Santos
260. **El álbum familiar. Bajarse al moro**
Edición de Andrés Amorós

Juan Eugenio Hartzembusch
261. **Los amantes de Teruel**
Edición de Ricardo Navas Ruiz

Gonzalo de Berceo
262. **Vida de Santo Domingo de Silos. Poema de Santa Oria**
Edición de Aldo Ruffinatto

Miguel de Unamuno
263. **Amor y Pedagogía**
Edición de Anna Caballé

Carlos Fuentes
264-265. **Terra Nostra**
Edición de Javier Ordiz

Bernal Díaz del Castillo
266. **Historia verdadera de la conquista de la Nueva España**

Karl Marx
267. **Luchas de clases. 18 Brumario**
Introducción de Ramón Cotarelo

William Shakespeare
268. **El rey Lear**
Traducción y Edición de Ángel Luis Pujante

Rubén Darío
269. **Antología**
Prólogo de Octavio Paz
Edición de Carmen Ruiz Barrionuevo

Aristóteles
270. **Moral, a Nicómaco**
Introducción de Luis Castro Nogueira
Traducción de Patricio de Azcárate

M. y A. Machado
271. **Las adelfas. La Lola se va a las puertos**
Edición de Dámaso Chicharro

Julián Marías
272. **El tema del hombre**

Domingo Miras
273. **Las brujas de Barahona**
Edición de Virtudes Serrano

Aristóteles
274. **Política**
Introducción de Carlos García Gual

Fray Luis de León
275. **La perfecta casada**
Edición de Javier San José Lera

Rubén Darío
276. **Azul... Cantos de vida y esperanza**
Edición de Álvaro Salvador Jofre

Miguel Mihura
277. **Melocotón en almíbar. Ninette y un señor de Murcia**
Prólogo de Antonio Mingote

Rafael Alberti
278. **Antología poética**
Edición de Luis García Montero

Manuel Tuñón de Lara
279. **Poder y sociedad en España, 1900-1931**
Prólogo de Teresa Carnero

Antonio Buero Vallejo
280. **La doble historia del doctor Valmy. Mito**
Introducción de Carlos Álvarez

Lope de Vega
281. **Poesía. Antología**
Edición de Miguel García-Posada

Fernando de Rojas
282. **Celestina**
Edición de Pedro M. Piñero Ramírez

Miguel de Unamuno
283. **Antología poética**
Edición de Roberto Paoli

Ramón del Valle-Inclán
284. **Jardín Umbrío**
Edición de Miguel Díez Rodríguez

Antonio Gala
285. **La Truhana**
Prólogo de Moisés Pérez Coterillo

Eduardo Mendoza
286. **La verdad sobre el caso Savolta**
Prólogo de Manuel Vázquez Montalbán

Iris Murdoch
287. **Bajo la red**
Prólogo de Javier Alfaya
Traducción de Bárbara McShane y Javier Alfaya

Fernando Savater
288. **Ensayo sobre Cioran**

Luis Mateo Díez
289. **La fuente de la edad**
Prólogo de José María Merino

Camilo José Cela
290. **Esas nubes que pasan**
Prólogo de Víctor García de la Concha

Miguel de Unamuno
291. **El otro. El hermano Juan**
Edición de José Paulino Ayuso

Alberto Moravia
292. **La Romana**
Prólogo de Francisco Umbral
Traducción de Francisco Ayala

Antonio Espina
293. **Luis Candelas, el bandido de Madrid** (próx. aparición)
Edición de Jaime Mas Ferrer

Gabriel García Márquez
294. **El otoño del patriarca**

Pedro Laín Entralgo
295. **Cuerpo y alma**
Prólogo de Diego Gracia

Platón
296. **La República**
Traducción de Patricio Azcárate
Edición y revisión de la traducción de Miguel Candel

Elena Quiroga
297. **Escribo tu nombre**
Introducción de Phyllis Zatlin

Nadine Gordimer
298. **Ningún lugar semejante**
Traducción de Barbara McShane y Javier Alfaya

Juan García Hortelano
299. **Tormenta de verano**
Prólogo de Carmen Martín Gaite

Francisco de Quevedo
300. **Historia de la vida del Buscón**
Edición de Ignacio Arellano

Soledad Puértolas
301. **Burdeos**
Prólogo de Enrique Vila-Matas

Antonio Buero Vallejo
302. **El tragaluz**
Edición de Luis Iglesias Feijoo

Jesús Ferrero
303. **Bélver Yin**
Prólogo de Rafael Conte

José Cadalso
304. **Noches lúgubres**
Edición de Nigel Glendinning

Carmen Martín Gaite
305. **Desde la ventana**
Prólogo de Emma Martinell

José Hierro
306. **Antología poética**
Edición de Gonzalo Corona Marzol

Graham Greene
307. **El revés de la trama**
Prólogo de El Duque de Alba

Fernando Arrabal
308. **Genios y figuras**
Prólogo de Ángel Berenguer

Jorge de Montemayor
309. **Los siete libros de la Diana**
Edición de Francisco López Estrada y María Teresa López García-Berdoy

Victoria Camps
310. **Virtudes públicas**

Félix de Azúa
311. **Historia de un idiota contada por él mismo o El contenido de la felicidad**
Prólogo de Fernando Savater

Miguel de Unamuno
312. **Del sentimiento trágico de la vida**
Introducción de Pedro Cerezo-Galán

Carlos Bousoño
313. **Poesía (Antología: 1945-1993)**
Edición de Alejandro Duque Amusco

Giorgio Bassani
314. **El jardín de los Finzi-Contini**
Prólogo de Antonio Colinas
Traducción de Carlos Manzano

Antonio Buero Vallejo
315. **La detonación. Las palabras en la arena**
Introducción de Ricardo Doménech

Dulce María Loynaz
316. **Antología lírica**
Edición de María Asunción Mateo

William Shakespeare
317. **Romeo y Julieta**
Edición y traducción de Ángel-Luis Pujante

Giuseppe Tomasi di Lampedusa
318. **El Gatopardo**
Prólogo de Antonio Prieto
Traducción de Ricardo Pochtar

Ramón del Valle-Inclán
319. **Tirano Banderas**
Edición de Alonso Zamora Vicente

Eduardo Alonso
320. **Los jardines de Aranjuez**
Prólogo de Germán Gullón